W9-AHF-776

www.loqueleo.com/es

© 2000, Carlo Frabetti
© De esta edición:
  2017, Santillana Infantil y Juvenil, S. L.
  Avenida de los Artesanos, 6. 28760 Tres Cantos (Madrid)
  Teléfono: 91 744 90 60

ISBN: 978-84-9122-119-7
Depósito legal: M-37.835-2015
Printed in Spain - Impreso en España

Segunda edición: marzo de 2017
Más de 20 ediciones publicadas en Santillana

Directora de la colección:
Maite Malagón
Editora ejecutiva:
Yolanda Caja
Dirección de arte:
José Crespo y Rosa Marín
Proyecto gráfico:
Marisol del Burgo, Rubén Chumillas, Julia Ortega y Álvaro Recuenco

Malditas matemáticas
Alicia en el País de los Números

Carlo Frabetti

Ilustraciones de Joaquín Marín

loqueleo

Las matemáticas no sirven para nada

Alicia estaba sentada en un banco del parque que había al lado de su casa, con un libro y un cuaderno en el regazo y un bolígrafo en la mano. Lucía un sol espléndido y los pájaros alegraban la mañana con sus trinos, pero la niña estaba de mal humor. Tenía que hacer los deberes.

—¡Malditas matemáticas! ¿Por qué tengo que perder el tiempo con estas ridículas cuentas en vez de jugar o leer un buen libro de aventuras? —se quejó en voz alta—. ¡Las matemáticas no sirven para nada!

Como si su exclamación hubiera sido un conjuro mágico, de detrás de unos matorrales que había junto al banco en el que estaba sentada salió un curioso personaje: era un individuo larguirucho, de rostro melancólico y vestido a la antigua; parecía recién salido de una ilustración de un viejo libro de Dickens que había en casa de la abuela, pensó Alicia.

—¿He oído bien, jovencita? ¿Acabas de decir que las matemáticas no sirven para nada? —preguntó entonces el hombre con expresión preocupada.

—Pues sí, eso he dicho. ¿Y tú quién eres? No serás uno de esos individuos que molestan a las niñas en los parques...

—Depende de lo que se entienda por molestar. Si las matemáticas te disgustan tanto como parecen indicar tus absurdas quejas, tal vez te moleste la presencia de un matemático.

—¿Eres un matemático? Más bien pareces uno de esos poetas que van por ahí deshojando margaritas.

—Es que también soy poeta.

—A ver, recítame un poema.

—Luego, tal vez. Cuando uno se encuentra con una niña testaruda que dice que las matemáticas no sirven para nada, lo primero que tiene que hacer es sacarla de su error.

—¡Yo no soy una niña testaruda! —protestó Alicia—. ¡Y no voy a dejar que me hables de mates!

—Es una actitud absurda, teniendo en cuenta lo mucho que te interesan los números.

—¿A mí? ¡Qué risa! No me interesan ni un poquito así —replicó ella juntando las yemas del índice y el pulgar hasta casi tocarse—. No sé nada de mates, ni ganas.

—Te equivocas. Sabes más de lo que crees. Por ejemplo, ¿cuántos años tienes?

—Once.

—¿Y cuántos tenías el año pasado?

—Vaya pregunta más tonta: diez, evidentemente.

—¿Lo ves? Sabes contar, y ese es el origen y la base de todas las matemáticas. Acabas de decir que no sirven para nada; pero ¿te has parado alguna vez a pensar cómo sería el mundo si no tuviéramos los números, si no pudiéramos contar?

—Sería más divertido, seguramente.

—Por ejemplo, tú no sabrías que tienes once años. Nadie lo sabría y, por lo tanto, en vez de estar tan tranquila ganduleando en el parque, a lo mejor te mandarían a trabajar como a una persona mayor.

—¡Yo no estoy ganduleando, estoy estudiando matemáticas!

—Ah, estupendo. Es bueno que las niñas de once años estudien matemáticas. Por cierto, ¿sabes cómo se escribe el número once?

—Pues claro; así —contestó Alicia, y escribió 11 en su cuaderno.

—Muy bien. ¿Y por qué esos dos unos juntos representan el número once?

—Pues porque sí. Siempre ha sido así.

—Nada de eso. Para los antiguos romanos, por ejemplo, dos unos juntos no representaban el número once, sino el dos —replicó el hombre, y, tomando el bolígrafo de Alicia, escribió un gran II en el cuaderno.

—Es verdad —tuvo que admitir ella—. En casa de mi abuela hay un reloj del tiempo de los romanos y tiene un dos como ese.

—Y, bien mirado, parece lo más lógico, ¿no crees?

—¿Por qué?

—Si pones una manzana al lado de otra manzana, tienes dos manzanas, ¿no es cierto?

—Claro.

—Y si pones un uno al lado de otro uno, tienes dos unos, y dos veces uno es dos.

—Pues es verdad, nunca me había fijado en eso. ¿Por qué 11 significa once y no dos?

—¿Me estás haciendo una pregunta de matemáticas?

—Bueno, supongo que sí.

—Pues hace un momento has dicho que no querías que te hablara de matemáticas. Eres bastante caprichosa. Cambias constantemente de opinión.

—¡Solo he cambiado de opinión una vez! —protestó Alicia—. Además, no quiero que me hables de matemáticas, solo que me expliques lo del once.

—No puedo explicarte solo lo del once, porque en matemáticas todas las cosas están relacionadas entre sí, se desprenden unas de otras de forma lógica. Para explicarte por qué el número once se escribe como se escribe, tendría que contarte la historia de los números desde el principio.

—¿Es muy larga?

—Me temo que sí.

—No me gustan las historias muy largas; cuando llegas al final, ya te has olvidado del principio.

—Bueno, en vez de la historia de los números propiamente dicha, puedo contarte un cuento, que viene a ser lo mismo...

El cuento de la cuenta

—Había una vez, hace mucho tiempo, un pastor que solamente tenía una oveja —empezó el hombre—. Como solo tenía una, no necesitaba contarla: si la veía, es que la oveja estaba allí; si no la veía, es que no estaba, y entonces iba a buscarla... Al cabo de un tiempo, el pastor consiguió otra oveja. La cosa ya era más complicada, pues unas veces las veía a ambas, otras veces solo veía una, y otras ninguna...

—Ya sé cómo sigue la historia —lo interrumpió Alicia—. Luego el pastor tuvo tres ovejas, luego cuatro..., y si seguimos contando más ovejas me quedaré dormida.

—No seas impaciente, que ahora viene lo bueno. Efectivamente, el rebaño del pastor iba creciendo poco a poco, y cada vez le costaba más comprobar, de un solo golpe de vista, si estaban todas las ovejas o faltaba alguna. Pero cuando tuvo diez ovejas hizo un descubrimiento sensacional: si levantaba un dedo por cada oveja y no faltaba ninguna, tenía que levantar todos los dedos de las dos manos.

—Vaya tontería de descubrimiento —comentó Alicia.

—A ti te parece una tontería porque te enseñaron a contar de pequeña, pero al pastor nadie le había enseñado. Y no me interrumpas... Mientras el pastor solo tuvo diez ovejas, todo fue bien; pero pronto consiguió algunas más, y entonces ya no le bastaban los dedos.

—Podía usar los dedos de los pies.

—Si hubiera ido descalzo, tal vez —convino él—. De hecho, algunas culturas antiguas los usaban, y por eso contaban de veinte en veinte en vez de hacerlo de diez en diez como nosotros. Pero el pastor llevaba alpargatas, y habría sido muy incómodo tener que descalzarse para contar. De modo que se le ocurrió una idea mejor: cuando se le acababan los diez dedos, metía una piedrecita en su cuenco de madera, y volvía a empezar a contar con los dedos a partir de uno, pero sabiendo que la piedra del cuenco valía por diez.

—¿Y no era más fácil acordarse de que ya había usado los dedos una vez?

—Como dice el proverbio, solo los tontos se fían de su memoria. Además, ten en cuenta que nuestro pastor sabía que su rebaño iba a seguir creciendo, por lo que necesitaba un sistema que sirviera para contar cualquier cantidad de ovejas. Por otra parte, la idea de las piedras le vino muy bien para descansar las manos, pues en vez de levantar los dedos para la primera decena de ovejas, empezó a usar piedras que metía en otro cuenco, esta vez de barro.

—¡Qué lío!

—Ningún lío. Es más fácil de hacer que de explicar: al empezar a contar las ovejas, en vez de levantar dedos iba metiendo piedras en el cuenco de barro, y cuando llegaba a diez vaciaba el cuenco y metía una piedra en el cuenco de madera, y luego volvía a llenar el cuenco de barro hasta diez. Si al final tenía, por ejemplo, cuatro piedras en el cuenco de madera y tres en el de barro, sabía que había contado cuatro veces diez ovejas más tres, o sea, cuarenta y tres.

—¿Y cuando llegó a tener diez piedras en el cuenco de madera?

—Buena pregunta. Entonces echó mano de un tercer cuenco, de metal, metió en él una piedra que valía por las diez del cuenco de madera y vació este. O sea, que la piedra del cuenco de metal valía por diez del cuenco de madera, que a su vez valían cada una por diez piedras del cuenco de barro.

—Lo que quiere decir que la piedra del cuenco de metal representaba cien ovejas.

—Muy bien, veo que has captado la idea. Si al cabo de una jornada de pastoreo, tras meter las ovejas en el redil y contarlas una a una, el pastor se encontraba, por ejemplo, con esto —dijo el hombre, tomando de nuevo el bolígrafo y dibujando en el cuaderno de Alicia:

—Quiere decir que tenía doscientas catorce ovejas —concluyó ella.

—Exacto, ya que cada piedra del cuenco de metal vale por cien, la del cuenco de madera vale por diez y las del cuenco de barro valen por una.

»Pero entonces al pastor le regalaron un bloc y un lápiz...

—No puede ser —protestó Alicia—, el bloc y el lápiz son inventos recientes; los números se tuvieron que inventar mucho antes.

—Esto es un cuento, marisabidilla, y en los cuentos pueden pasar cosas inverosímiles. Si te hubiera dicho que entonces apareció un hada con su varita mágica, no habrías protestado; pero mira cómo te pones por un simple bloc...

—No es lo mismo: en los cuentos pueden aparecer hadas, pero no aviones ni cosas modernas.

—Está bien, está bien: si lo prefieres, le regalaron una tablilla de arcilla y un punzón. Y entonces, en vez de usar cuencos y piedras de verdad, empezó a dibujar en la tablilla unos círculos que representaban los cuencos y a hacer marcas en su interior, como acabo de hacer yo en tu cuaderno. Solo que, en vez de puntos, hacía rayas, para verlas mejor. Por ejemplo,

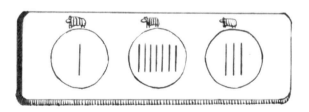

significaba ciento setenta y tres. Pero pronto se dio cuenta de que las rayas, si las hacía todas verticales, no eran muy cómodas, pues no resultaba fácil distinguir, por ejemplo, siete de ocho u ocho de nueve. Entonces empezó a diversificar los números cambiando la disposición de las rayas:

»A medida que iba familiarizándose con los nuevos números, los escribía cada vez más deprisa, sin levantar el lápiz del papel (perdón, el punzón de la tablilla), y empezaron a salirle así:

»Poco a poco fue redondeando las siluetas de sus números con trazos cada vez más fluidos, hasta que acabaron teniendo este aspecto:

1 2 3 4 5 6 7 8 9

»Pronto comprendió que no hacía falta poner los círculos que representaban los cuencos, ahora que los números eran compactos y no podían confundirse las rayas de uno con las del de al lado. Así que solo dejó el círculo del cuenco cuando estaba vacío; por ejemplo, si tenía tres centenas, ninguna decena y ocho unidades, escribía:

3 ⭕ 8

—¿Y no es más fácil dejar sencillamente un espacio en blanco? —preguntó Alicia.

—No, porque el espacio en blanco solo se ve si tiene un número a cada lado. Pero para escribir treinta, por ejemplo, que son tres decenas y ninguna unidad, no puedes escribir solo 3, porque eso es tres. Por tanto, era necesario el círculo vacío. El pastor acabó reduciéndolo para que fuera del mismo tamaño que los demás signos, con lo que el trescientos ocho del ejemplo anterior acabó teniendo este aspecto:

»Había inventado el cero, con lo que nuestro maravilloso sistema de numeración estaba completo».

—No veo por qué es tan maravilloso —replicó Alicia—. A mí me parecen más elegantes los números romanos.

—Tal vez sean elegantes, pero resultan poco prácticos. Intenta multiplicar veintitrés por dieciséis en números romanos.

—No pienso intentarlo. ¿Te crees que me sé la tabla de multiplicar en latín?

—Pues escribe en números romanos tres mil trescientos treinta y tres.

—Eso sí que sé hacerlo —dijo Alicia, y escribió en su cuaderno:

MMMCCCXXXIII

—Reconocerás que es más cómodo escribir 3.333 en nuestro sistema posicional decimal.

—Sí, lo reconozco —admitió ella a regañadientes—. ¿Pero por qué lo llamas sistema posicional decimal?

—En el sistema romano, todas las M valen lo mismo, y también las demás letras, mientras que en nuestro sistema el valor de cada dígito depende de su posición en el número. Así, en el 3.333, cada 3 tiene un valor distinto: el primero de la derecha representa tres unidades, el segundo tres decenas, el tercero tres centenas y el cuarto tres millares. Por eso nuestro sistema se llama posicional. Y se llama decimal porque se salta de una posición a la siguiente de diez en diez: diez unidades son una decena, diez decenas una centena, diez centenas un millar...

El agujero de gusano

—No ocurrió realmente así, ¿verdad? —dijo Alicia tras una pausa.

—No. Como ya te he dicho, lo que te he contado no es la historia de los números, sino un cuento. La verdadera historia es más larga y más complicada; pero, en esencia, viene a ser lo mismo. Lo importante es que comprendas por qué un uno al lado de otro uno significa once y no dos.

—Cuéntame más cuentos de números —pidió la niña.

—Creía que detestabas las matemáticas.

—Y las detesto; pero me gustan los cuentos. También detesto a las ratas, y sin embargo me gustan las historias del ratón Mickey.

—Puedo hacer algo mejor que contarte otro cuento: te invito a dar un paseo por el País de los Números.

—¿Está muy lejos?

—Aquí mismo. Sígueme.

El hombre se dio la vuelta y desapareció entre los matorrales de los que había salido unos minutos antes. Sin pensárselo dos veces, Alicia lo siguió.

Oculta por la vegetación, había una gran madriguera, en la que aquel estrafalario individuo se metió gateando.

«Qué raro que haya una madriguera tan grande en el parque», pensó la niña mientras entraba tras él.

«Si es de un conejo, debe de ser un conejo gigante; aunque en realidad no creo que haya conejos sueltos por aquí...».

La madriguera se hundía en la tierra oblicuamente y, aunque estaba muy oscura, Alicia lograba ver la silueta del matemático, que avanzaba a un par de metros por delante de ella.

De pronto el hombre se detuvo. Alicia llegó junto a él y vislumbró en el suelo un agujero de aproximadamente un metro de diámetro. Se asomó y sintió vértigo, pues parecía un pozo sin fondo, del que emanaba un tenue resplandor grisáceo. Al mirar con más atención, se dio cuenta de que era una especie de remolino, como el que se formaba en el agua de la bañera al quitar el tapón. Era como si la oscuridad misma se estuviera colando por un desagüe.

—Es un agujero de gusano —dijo él—. Conduce a un mundo paralelo.

A Alicia le sonaba lo de los agujeros de gusano y los mundos paralelos, pero no sabía de qué.

—Debe de ser un gusano muy grande —comentó con cierta aprensión.

—No hay ningún gusano. Este agujero se llama así porque horada el espacio-tiempo igual que los túneles que excavan las lombrices horadan la tierra.

—¿Tiene algo que ver con los agujeros negros?

—Mucho. Pero ya te lo explicaré otro día, cuando hablemos de física. Por hoy tenemos bastante con las matemáticas.

Dicho esto, saltó al interior del remolino y desapareció instantáneamente, como engullido por una irresistible fuerza de succión.

—Estás loco si crees que voy a saltar ahí dentro —dijo la niña, aunque sospechaba que él ya no podía oírla. Pero la curiosidad, que en Alicia era más fuerte que el miedo e incluso que la pereza, la llevó a tocar el borde del remolino con la punta del pie, para ver qué consistencia tenía.

Fue como si un tentáculo invisible se le enrollara a la pierna y tirara de ella hacia abajo. Empezó a girar sobre sí misma vertiginosamente, como una peonza humana, a la vez que descendía como una flecha por el remolino. O más bien como una bala, pensó la niña, pues había oído decir que las balas giran a gran velocidad dentro del cañón para que luego su trayectoria sea más estable.

Curiosamente, no tenía miedo, ni la mareaba la vertiginosa rotación, ni sentía ese vacío en el estómago que notaba cuando en la montaña rusa se precipitaba hacia abajo.

De pronto, tan bruscamente como había comenzado, cesó el blando abrazo del remolino y cayó con gran estrépito sobre un montón de hojas secas.

Alicia no sintió el menor daño y se puso en pie de un brinco. Miró hacia arriba, pero estaba muy oscuro. Le pareció ver sobre su cabeza, a varios metros de altura, un círculo giratorio algo menos negro que la negrura envolvente. Hacia delante, sin embargo, se veía un punto de luz, que era el final de un largo pasadizo. Lo recorrió a toda prisa, y desembocó en un amplio vestíbulo, iluminado por una hilera de lámparas colgadas del techo.

Alrededor de todo el vestíbulo había numerosas puertas, y ante una de ellas estaba el hombre con una llave de oro en la mano, disponiéndose a abrirla.

Alicia corrió junto a él, y este hizo girar la llave en la cerradura y abrió la puerta. Daba a un estrecho pasadizo al fondo del cual se veía un espléndido jardín.

—Adelante —dijo el matemático con una enigmática sonrisa, y la niña lo precedió por el pasadizo.

El País de los Números

El pasadizo llevaba al más hermoso jardín que Alicia jamás había visto. Rodeada de alegres flores y arrullada por el rumor de las frescas fuentes, sintió una alegría tan intensa que casi se le saltaron las lágrimas.

La sacó de su embelesamiento un extraño personaje que pasó corriendo ante ella. Era un gran naipe con cabeza, brazos y piernas, que llevaba un bote de pintura en una mano y una brocha en la otra.

—¡Yo conozco este sitio! —exclamó entonces la niña—. ¡Es el País de las Maravillas de Alicia!

—No exactamente, pero se le parece bastante —dijo el hombre a su lado—, del mismo modo que tú no eres la misma Alicia, pero te pareces mucho a ella.

—¡Y tú eres el autor, Lewis Carroll! Ya decía yo que me sonaba tu cara. He visto una foto tuya en algún sitio.

—Mi verdadero nombre es Charles Dodgson, para servirte —dijo él, con una ligera inclinación de cabeza—. Lewis Carroll es el seudónimo que usaba cuando escribía cuentos y poemas. Puedes llamarme Charlie... Ven, vamos a ver qué hacen esos muchachos.

Los tres naipes —que eran el 2, el 5 y el 7 de picas— estaban atareados alrededor de un rosal en el que había seis rosas blancas. O, mejor dicho, que habían sido blancas, pues estaban terminando de pintarlas. Uno tenía un bote de pintura roja, otro de pintura rosa y el tercero de pintura amarilla, y estaban pintando dos rosas de cada color.

Mientras Alicia y Charlie se acercaban, los hombres naipe terminaron su tarea y se pusieron a discutir acaloradamente.

—¿Algún problema, muchachos? —preguntó el escritor.

—Pues sí —contestó Siete—. La Reina de Corazones quiere que en cada rosal haya rosas de varios colores...

—Y varias de cada color —prosiguió Cinco.

—Y el mismo número de cada color —concluyó Dos.

—Pues lo habéis conseguido —dijo Alicia—, no veo dónde está el problema: aquí hay dos rojas, dos rosas y dos amarillas; o sea, varios colores, varias de cada color y las mismas de cada color.

—Sí, claro, con seis rosas es fácil —dijo Siete—, y también con ocho o con nueve.

—Pero allí hay un rosal con siete rosas —prosiguió Cinco, señalando hacia su derecha. Y, efectivamente, Alicia vio un macizo con siete rosas blancas.

—Y ese no sabemos cómo pintarlo —añadió Dos.

—Si pintamos tres de rojo y cuatro de rosa, habrá varios colores y varias rosas de cada color, pero no el mismo número de cada color —dijo Siete.

—Si pintamos cada una de un color, como un arcoíris, habrá varios colores y las mismas de cada color, pero no habrá varias de cada color, sino solo una —dijo Cinco.

—Y si las pintamos todas del mismo color, habrá varias de cada color y el mismo número de cada color, pero no varios colores —añadió Dos.

—En cualquier caso —concluyó Charlie—, se incumple una de las tres condiciones de la Reina, puesto que con siete rosas no es posible cumplirlas las tres a la vez. Yo os aconsejo que dejéis el rosal tal y como está, con todas las rosas blancas, y le digáis a la Reina que su blancura muestra que 7 es un número primo, es decir, que no es divisible en partes enteras iguales.

—Se puede dividir en siete partes de una rosa —objetó Alicia.

—Sí, claro, y en una sola parte de siete rosas: los números primos solo son divisibles por sí mismos y por la unidad —precisó a continuación Charlie.

En ese momento se oyó sonar una trompeta, y los tres naipes se echaron a temblar; parecían grandes hojas rectangulares agitadas por el viento.

—¡La Reina! —exclamaron a coro.

Y, en efecto, a los pocos segundos apareció la Reina de Corazones con su séquito.

Rápidamente, los hombres naipe escondieron las brochas y los botes de pintura tras unos arbustos y sacaron cuatro palitos negros; Dos tomó uno en cada mano, los otros, uno cada uno, y adoptaron la siguiente posición:

—¿Qué hacen? —preguntó Alicia.

—Forman matemáticamente para que la Reina les pase revista: 5 + 2 = 7 —explicó Charlie a la niña.

Pero toda la atención de la Reina de Corazones estaba dirigida a los rosales. Al fijarse en el macizo de las siete rosas blancas, exclamó enfurecida:

—¡Este rosal no cumple mis especificaciones!

Los tres naipes estaban temblando tan violentamente que no podían ni hablar; pero Charlie avanzó con decisión hacia la Reina para interceder por ellos.

—Majestad —dijo—, permitidme que, como matemático, os recuerde que vuestras instrucciones eran irrealizables en el caso del rosal con siete rosas; pero de este modo habéis hecho que se ponga de manifiesto su condición de número primo, por lo que esas rosas blancas destacan entre sus variopintas compañeras con la prístina belleza de las verdades matemáticas.

—Mmm... Sí, después de todo, no quedan mal unas cuantas rosas blancas entre tanto colorín colorado, y este cuento se ha acabado —dijo la Reina—. Aunque debo añadir que nunca me han gustado los números primos.

Los jardineros se echaron a temblar de nuevo, pues ellos tres eran números primos: 2, 5 y 7.

—No debéis preocuparos por ellos, majestad —dijo Charlie—, pues están en franca minoría frente a los números compuestos.

—Pero aparecen donde una menos se lo espera. Y los hay de todos los tamaños.

—Eso es cierto, majestad. Pero podéis encontrar listas de números compuestos consecutivos tan largas como queráis, sin ningún primo entre ellos.

—¿De veras? ¿Puedes decirme una lista de cien números consecutivos sin ningún primo?

—Nada más fácil, majestad. Consideremos el producto de los 101 primeros números: $1 \times 2 \times 3 \times 4 \times ... \times 98 \times 99 \times 100 \times 101$. Los matemáticos lo llamamos «factorial de 101» y lo expresamos así: 101!

—Un número en verdad admirable —comentó la Reina.

—Llamemos N a este número enorme, que será divisible por 2, 3, 4, 5, ... , 98, 99, 100 y 101, ya que los contiene a todos ellos como factores.

—Evidente.

—Pues bien, formemos ahora la sucesión $N + 2$, $N + 3$, $N + 4$, $N + 5$, ... , $N + 98$, $N + 99$, $N + 100$ y $N + 101$. Como N es divisible por 2, también lo será

$N + 2$; como N es divisible por 3, también lo será $N + 3$, etc., por lo que tenemos una serie de cien números consecutivos (de $N + 2$ a $N + 101$), ninguno de los cuales es primo.

—¡Qué buena noticia! —exclamó la Reina complacida—. ¡Sucesiones de números todo lo largas que yo quiera sin ningún antipático primo entre ellos! Voy a recompensarte por tu astucia: te nombro mi *Joker*.

—¿Qué es eso? —preguntó Alicia.

—Mi Bufón, el Comodín de mi baraja —contestó la Reina—. Y, por cierto, ¿tú quién eres, mocosa?

—Es mi joven amiga Alicia, majestad —intervino Charlie—. Me disponía a mostrarle el País de los Números, con vuestra venia.

—Está bien; si es amiga tuya, la tomaré también a mi servicio, como aprendiza de doncella de segunda clase.

Alicia iba a replicar, pero Charlie se adelantó:

—Me temo, majestad, que no podemos aceptar vuestro generoso ofrecimiento, porque...

—Yo no hago ofertas, lechuguino, yo doy órdenes —lo cortó la Reina. Hizo un gesto con la mano, y de su séquito se adelantaron dos pajes.

Uno le encasquetó en la cabeza al escritor un gorro de bufón, rojo y con tres largas puntas terminadas en cascabeles, y el otro le puso a Alicia una cofia blanca. La niña se la quitó con un gesto brusco y la tiró al suelo.

—No voy a llevar esa cosa ridícula ni pienso ser la doncella de nadie —dijo con determinación.

La Reina se puso roja de cólera y aulló:

—¡Insurrección, rebeldía, desacato! ¡Guardias, detenedlos!

—¡Ja! ¿Es que no sabes quién es él? —replicó Alicia señalando a Charlie; y lo dijo con tal aplomo que, por un momento, la Reina se quedó desconcertada.

—No le hagáis caso, majestad, es solo una niña y... —empezó a decir el escritor; pero Alicia lo interrumpió:

—Él es nada menos que Lewis Carroll, tu autor, y puede hacerte desaparecer si lo desea.

La Reina no pareció impresionada por la revelación.

—¿Conque desaparecer, eh? —dijo con los brazos en jarras—. Acabas de darme una buena idea, mocosa. ¡Que venga el Cero!

Los miembros del séquito se apartaron apresuradamente para dejar paso a un hombre naipe similar a los tres jardineros, pero con el anverso completamente en blanco.

—¿Llevas tus armas reglamentarias? —le preguntó la Reina.

—Sí, majestad —respondió Cero a la vez que sacaba dos palitos negros, uno en cada mano, que juntó formando una X. Ante aquel signo, todos retrocedieron espantados.

—¿Por qué le tienen tanto miedo? —le preguntó Alicia a Charlie en voz baja.

—Es el Cero y lleva el signo de multiplicar —contestó el escritor—. Ya sabes que cualquier cosa, al multiplicarla por cero, desaparece.

—Llévalos al calabozo —le ordenó la Reina al Cero—. Y si se resisten, ya sabes.

—¡No tenemos por qué obedecer! —le dijo Alicia a Charlie—. Tú eres el autor, son tus personajes...

—Los personajes acaban teniendo vida propia, y algunas veces hasta se rebelan contra su autor, igual que hacen algunos hijos con sus padres. De momento, será mejor que obedezcamos.

Así que Alicia y Charlie se pusieron en marcha, precedidos por dos guardias y seguidos de cerca por Cero, que esgrimía amenazador su signo de multiplicar.

Pero en cuanto estuvieron fuera de la vista de los demás, el escritor se paró en seco y dijo, señalando su vistoso gorro:

—Soy el Comodín, ¿no es cierto?

—Sí —convino el Cero—. La Reina acaba de nombrarte su *Joker*.

—Y el Comodín puede tomar el valor de cualquier naipe de la baraja, ¿no es verdad?

—Así es —admitieron a coro los guardias.

—Pues bien, ahora soy la Reina de Corazones, y os ordeno que os marchéis.

—¡Qué magnífica jugada! —exclamó Alicia—. ¡Bravo, Charlie, eres un genio!

Los guardias se miraron desconcertados y luego miraron a Cero, que se rascó la cabeza con uno de sus palitos negros y dijo:

—Técnicamente, tiene razón.

—Pues ya podéis iros técnicamente —los conminó Alicia, haciendo con la mano un displicente gesto de despedida.

Los dos guardias se marcharon cabizbajos, pero Cero parecía indeciso.

—Tú puedes venir con nosotros —dijo por fin Charlie—; así nos defenderás de eventuales peligros con tu poder aniquilador.

—¿Y adónde vamos ahora? —preguntó entonces Alicia.

—Al laberinto —contestó el escritor.

—¡Yo no puedo entrar en el laberinto! —exclamó Cero echándose a temblar.

—Bueno, si te portas bien, tal vez te deje quedarte fuera —dijo Charlie magnánimo—; pero nos acompañarás hasta allí.

Anduvieron por el jardín durante un buen rato, entre espléndidos macizos de flores y fuentes cantarinas, hasta que llegaron a un alto y tupido seto de ciprés que parecía prolongarse indefinidamente en ambas direcciones, y en el que solo se veía una estrecha abertura vertical a modo de entrada.

—El laberinto —dijo Charlie—. Hemos de cruzarlo para llegar al otro lado.

—Para llegar al otro lado de algo, siempre hay que cruzarlo —comentó Alicia.

—No siempre —replicó el escritor—. Algunas cosas puedes rodearlas; por ejemplo, para ir al otro lado de ti, es más fácil rodearte que cruzarte. Pero el laberinto hay que cruzarlo.

—¿Y por qué no podemos rodearlo? —preguntó la niña.

—Porque para entender lo que encontraremos al otro lado, antes tienes que entender lo que encontraremos ahí dentro. No basta llegar a los sitios con los pies: hay que llegar también con la cabeza.

—Pues yo, precisamente porque quiero que mi cabeza y mis pies sigan yendo juntos, no pienso entrar ahí —dijo Cero con convicción.

—¿Por qué te asusta tanto el laberinto? —preguntó Alicia—. Si tienes tu arma aniquiladora...

—Ninguna arma sirve contra... —empezó a decir Cero temblando violentamente; pero no pudo acabar la frase porque, solo de pensarlo, se desmayó del susto y quedó tendido boca arriba sobre la hierba.

—Podemos aprovechar para descansar un rato —propuso Alicia, sentándose en el suelo junto al inconsciente naipe.

—Buena idea —dijo Charlie, tomando asiento a su vez.

—A ver si cuando vuelva en sí nos explica por qué le tiene tanto miedo al laberinto —comentó la niña.

—No se te ocurra preguntárselo otra vez, o volverá a desmayarse.

—¡Qué rara es aquí la gente, si es que se la puede llamar gente! —exclamó Alicia—. Y, hablando de rarezas, ¿por qué la Reina les tiene tanta manía a los pobres números primos?

—Porque no siguen ninguna pauta, y la Reina es una maniática de la ley y el orden.

—¿Qué quiere decir eso de que no siguen ninguna pauta?

—Los múltiplos de 2 (que coinciden con los números pares) van de dos en dos, los múltiplos de 3 van de tres en tres, y así todos los números compuestos, es decir, los que tienen divisores; pero los primos no aparecen en la lista de los números de manera regular: a veces hay dos muy juntos, como el 11 y el 13 o el 71 y el 73, y otras veces dos primos consecutivos están muy distanciados (de hecho, como le he explicado antes a la Reina, podemos hallar primos consecutivos tan distanciados como queramos). Total, que no hay forma de saber de antemano dónde aparecerán los primos. Dicho de otra manera, no hay ninguna fórmula que permita obtener todos los números primos, mientras que con los demás números eso sí es posible.

—¿Cómo?

—Por ejemplo, todos los números pares son de la forma $2n$, donde n es cualquier número: si vamos dando a N todos los valores posibles (1, 2, 3, 4, 5...), obtenemos todos los números pares (2, 4, 6, 8, 10...).

—¿Y los impares?

—Todos los números impares son de la forma $2n + 1$; aunque, en este caso, para obtener la lista completa hemos de empezar por $N = 0$: para $n = 0$, $2n + 1 = 1$; para $n = 1$, $2n + 1 = 3$; para $n = 2$, $2n + 1 = 5$. Y así sucesivamente.

—Y si no hay ninguna fórmula para los números primos, ¿cómo podemos hacer su lista? —preguntó Alicia.

—Eliminando los que no son primos.

—¿De qué manera?

—Igual que se separa la harina del salvado o la arena de los guijarros: con una criba.

La criba de Eratóstenes

—¿Cómo se puede cribar números? —quiso saber Alicia.

—De la forma en que lo hizo el gran sabio griego Eratóstenes en el siglo III a. C. Para que lo veas, vamos a aplicar su criba a los números del uno al cien —dijo Charlie, rebuscando en los bolsillos de su anticuada chaqueta y sacando un lápiz mordisqueado. Se inclinó sobre el inconsciente Cero y empezó a escribir números en la blanca superficie de su anverso. Al cabo de unos minutos, había completado la lista de los cien primeros números.

—¿Y ahora qué? —preguntó la niña.

—Ahora vamos a cribarlos de manera ordenada, o sea, empezando por el principio. El 1 lo dejamos aparte porque es un número muy singular...

—Y tan singular —comentó Alicia—. Bien mirado, es el único número realmente singular. Todos los demás son plurales.

—Muy cierto. Por eso no se incluye en la lista de los primos, que, como sabes, solo son divisibles por sí mismos y por la unidad. Pero en el caso del 1 «sí mismo» y «la unidad» son una misma cosa, por lo que, en cierto modo, es aún menos que primo.

—Vale. Pasamos del 1.

—Y al pasar del 1 llegamos al 2. El 2 es evidentemente primo, ya que no tiene ningún divisor, así que lo marcamos rodeándolo con un circulito. Es, por cierto, el único primo par; todos los demás primos son impares, ya que los pares son divisibles por 2. Y esto nos indica cuál ha de ser nuestro primer golpe de criba: eliminar todos los pares menos el 2. Para eso vamos tachando los números de la lista de dos en dos a partir del 2.

—Esto elimina la mitad de los números —comentó Alicia.

—Así es. Ahora pasamos al siguiente, el 3; lo rodeamos con otro circulito y eliminamos de la lista todos sus múltiplos, que van de tres en tres.

—Ya veo. A continuación hacemos lo mismo con el 4.

—No hace falta —replicó Charlie—, porque ya lo hemos eliminado como múltiplo de 2, y todos los múltiplos de 4 lo son también de 2. Pasamos al siguiente número no tachado, que es el 5...

—Lo rodeamos con un circulito y tachamos todos los múltiplos de 5, que van de cinco en cinco —concluyó Alicia.

—Exacto. La mitad de los múltiplos de 5 ya los habíamos tachado: son los terminados en 0, que son también múltiplos de 2. Sigamos...

—El 6 ya está tachado; dos veces, además.

—Claro, porque es a la vez múltiplo de 2 y de 3. Así que pasamos al 7. Lo marcamos y tachamos todos sus múltiplos.

—Que van de siete en siete.

—Y ya está nuestra criba. Todos los que quedan sin tachar son primos.

—¿Por qué nos paramos en el 7? —preguntó Alicia—. ¿No deberíamos seguir con el 11, que es el siguiente número sin tachar?

—No hace falta —contestó Charlie—. Como 100 = 10 × 10, cualquier número menor de 100 que tenga 11 como divisor tendrá otro divisor menor de 10; por lo tanto, los múltiplos de 11 ya los hemos tachado: el 22, el 44, el 66 y el 88, al tachar los múltiplos de 2; el 33, el 66 (otra vez) y el 99, al tachar los múltiplos de 3; el 55, al tachar los múltiplos de 5, y el 77, al tachar los de 7. Bien, marquemos con un circulito los que se han salvado de la criba... Ahí tienes los veinticinco primeros números primos, los menores de 100: 2, 3, 5, 7, 11, 13, 17, 19, 23, 29, 31, 37, 41, 43, 47, 53, 59, 61, 67, 71, 73, 79, 83, 89 y 97.

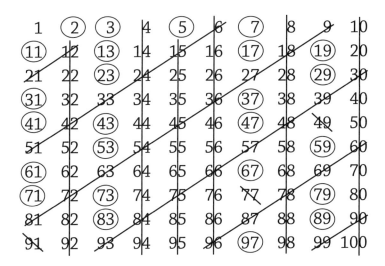

—Decías que no había ningún orden en los números primos, pero las líneas de las tachaduras son muy ordenadas —comentó Alicia.

—Porque en los números compuestos sí que hay orden: podemos agruparlos según sean múltiplos de 2, de 3... Por cierto, esas líneas vienen a ser como una tabla de multiplicar: en las rayas verticales tienes las tablas del 2, del 5 y del 10; en las oblicuas, la del 3 y la del 9...

—No me hables de la tabla de multiplicar, las multiplicaciones son odiosas.

—No te pueden gustar las sumas y disgustarte las multiplicaciones —objetó Charlie.

—¿Cómo que no? ¿Vas a decirme a mí lo que me puede gustar y lo que no?

—¿Te gusta el chocolate? —preguntó el escritor, aparentemente cambiando de tema.

—Mucho —contestó Alicia.

—¿Y los bombones?

—Pues claro, ¿cómo no me van a gustar? Los bombones *son* chocolate.

—Y las multiplicaciones *son* sumas. Por lo tanto, si te gustan las segundas, no pueden disgustarte las primeras.

—No me líes. Reconozco que no sé casi nada de mates (ni ganas), pero puedo distinguir entre una suma y una multiplicación.

—Vamos a ver, ¿qué significa 3 × 4?

—La tabla del 3 me la sé: 3 × 4 = 12.

—No te he preguntado cuánto da 3 × 4, sino qué quiere decir —precisó Charlie.

—¿Qué quiere decir «qué quiere decir»?

—Buena pregunta. Tal vez esa que acabas de hacerme sea la pregunta básica de la filosofía; o, al menos, de la epistemología...

—Me estás liando cada vez más.

—Perdona, a veces me pongo a divagar sin darme cuenta. Lo que quiero decir es que 3 × 4 significa tres veces cuatro, o sea, 4 + 4 + 4: una multiplicación es una suma, y, además, una suma más sencilla que las otras, pues todos sus sumandos son iguales.

—No se me había ocurrido mirarlo de ese modo —reconoció Alicia.

—Por eso no te gustan las matemáticas. Porque no se te ha ocurrido mirarlas de ese modo.

—¿Y cuál es *ese* modo?

—Tú sabrás. Has dicho que no se te ha ocurrido mirarlo de ese modo.

—¡Acabas de decirlo tú!

—Yo acabo de decirlo, pero tú lo has dicho antes.

Alicia empezaba a hacerse un lío y no sabía qué replicar, lo cual le daba mucha rabia. Pero en eso volvió en sí Cero, y al ver los números escritos en su anverso a punto estuvo de desmayarse de nuevo.

—¡Estoy perdido! —exclamó—. ¡Tengo la tripa llena de números! ¡Ya no seré el Cero, y la Reina me degradará!

—No te preocupes, que yo también tengo mi arma aniquiladora —lo tranquilizó Charlie; tras rebuscar en sus bolsillos, sacó una goma y empezó a borrar las cifras y las líneas de la superficie del hombre naipe.

Al cabo de unos minutos, Cero se levantó, se sacudió nerviosamente las partículas de goma y, a continuación, examinó con aprensión su blanco anverso.

—Menos mal —dijo aliviado—, vuelvo a ser yo, es decir, nada. Y ahora será mejor que me vaya, antes de llegar a ser todavía menos.

—¿Cómo se puede ser menos que nada? —preguntó Alicia, mientras Cero se marchaba corriendo, sin ni siquiera despedirse.

—Muy fácil. Por ejemplo, tú ahora no tienes ninguna manzana...

—No, y no podría tener menos que ninguna.

—Sí que podrías. Porque si alguien te diera media docena de manzanas, tendrías seis; pero si me debieras a mí dos manzanas, tendrías que devolvérmelas y solo te quedarían cuatro. Así que deber dos manzanas es menos que no tener ninguna: es como si tuvieras dos manzanas negativas, o sea, –2. Por eso hay números positivos y negativos.

—Mi retraso sí que es negativo —dijo al pasar a su lado un curioso personaje al que no habían visto acercarse. Era un conejo blanco; mejor dicho, *el* Conejo Blanco. Llevaba una chaqueta a cuadros y un elegante chaleco, de cuyo bolsillo derecho sacó un reloj de oro sujeto a una larga cadena. Se detuvo un momento para mirar la hora, y acto seguido echó a correr hacia el laberinto.

El laberinto

—¡Vamos tras él! —exclamó Alicia sin saber muy bien por qué, y corrió hacia la estrecha hendidura vertical que daba acceso al laberinto, por la que el Conejo Blanco acababa de desaparecer. Charlie la siguió sonriendo enigmáticamente.

Una vez dentro, se podía ir hacia la derecha o hacia la izquierda, y el Conejo Blanco ya no estaba a la vista.

—¿Por dónde vamos? —preguntó la niña.

—Por donde quieras —contestó el escritor, con un ligero encogimiento de hombros.

—Pero no tenemos ni idea de cuál es la dirección buena.

—No sabemos cuál es la mejor —puntualizó Charlie—, pues buenas lo son las dos.

—No pueden ser las dos buenas. Lo más probable es que solo una lleve a la salida.

—Lo más probable es que solo una lleve a la salida por el camino más corto —volvió a precisar él—. Pero acabaremos saliendo sea cual fuere nuestra elección inicial si hacemos lo correcto.

—¿Y qué es lo correcto en un laberinto?

—En primer lugar, echar a andar, porque si no lo haces es francamente difícil llegar a salir. Así que elige en qué dirección quieres ir.

—A la izquierda.

—Bien, pues ahora toca con una mano una de las paredes y camina sin dejar nunca de tocarla.

—¿Qué pared he de tocar y con qué mano?

—La pared que quieras con la mano que quieras. Pero te aconsejo que si eliges la pared de la izquierda la toques con la mano izquierda, y viceversa. Avanzar tocando la pared de la izquierda con la mano derecha es bastante incómodo.

Alicia tocó la pared de la izquierda con la mano izquierda y después echó a andar sin apartar la punta de los dedos de la rugosa superficie del seto.

—¿Y por qué hay que hacerlo así? —preguntó.

—Porque las dos caras de las paredes del laberinto forman una superficie continua —explicó Charlie—, y si no apartas nunca la mano de la superficie acabas recorriéndola entera y, por tanto, encuentras la salida (aunque no necesariamente por el camino más corto). Las matemáticas sirven para algo, de vez en cuando.

—¿Qué tienen que ver las mates con los laberintos?

—Hay una rama poco conocida y muy interesante de las matemáticas, llamada topología, que estudia las propiedades generales de todo tipo de figuras, sin dar importancia al tamaño o a la forma de esas figuras, sino solo a la manera en que se conectan entre sí sus diversas partes.

—Ponme un ejemplo.

—Querrás decir *otro* ejemplo, pues uno ya te lo he puesto: la continuidad de la superficie de las paredes de un laberinto, independientemente de su forma y tamaño.

—Está bien, ponme *otro* ejemplo —pidió Alicia, un poco fastidiada por la manía de Charlie de precisarlo y puntualizarlo todo.

—Por ejemplo, desde el punto de vista de la topología, un cuadrado y un círculo son equivalentes, porque son dos superficies continuas limitadas por sendas líneas cerradas.

—Estás hablando como un profe de mates —se quejó la niña—. Dímelo como si fueras una persona *normal*.

—Una persona *normal* no te lo diría de ninguna manera, porque, por desgracia, las personas *normales* no suelen entender nada de matemáticas.

—¿Y sabes por qué? —dijo Alicia—. Porque los profesores de matemáticas son unos plastas insoportables y no explican las cosas como es debido.

—En eso me temo que llevas razón —admitió Charlie—. Un buen profesor de matemáticas ha de tener inteligencia, sentido del humor y ganas de enseñar, tres cualidades poco frecuentes, por desgracia. Solo una de cada diez personas es inteligente, solo una de cada diez es graciosa y solo una de cada diez tiene auténtica vocación docente.

—O sea, que solo uno de cada treinta profes tiene las tres cualidades a la vez —concluyó Alicia.

—Muchos menos —replicó Charlie—. Si tomamos un grupo de mil profesores, como solo un décimo de las personas es inteligente, tendremos nada más que cien inteligentes. Como solo un décimo de las personas tiene sentido del humor, de esos cien profesores inteligentes solo diez serán, además, graciosos y ocurrentes. Y como solo un décimo tiene vocación y capacidad docente, de esos diez profesores inteligentes y graciosos solo uno será, además, buen pedagogo. O sea, solo uno de cada mil profesores es a la vez inteligente, gracioso y diestro en el arte de enseñar.

—Y seguro que tú eres ese uno entre mil —dijo Alicia con un punto de ironía.

—No te quepa duda.

—Pues explícame eso de la topología de una manera inteligente, graciosa y pedagógiga.

—Lo intentaré. Imagínate que aplastas un chicle, previamente mascado, hasta hacer con él un círculo. Cualquier superficie que puedas obtener deformándolo sin romperlo ni pegar una parte con otra, será topológicamente equivalente: un cuadrado, un triángulo, una elipse...

—¿Y qué significa eso de «topológicamente equivalente»?

—Que tiene muchas propiedades comunes, sobre todo propiedades relacionadas con la continuidad. Por ejemplo, imagínate que esas figuras que he mencionado fueran suelos: podrías caminar tranquilamente por cualquiera de ellos sin miedo a caer en ningún agujero: son superficies continuas. Pero en un piso como este —continuó Charlie, y se agachó para dibujar una figura en el suelo arenoso del laberinto— tendrías que tener más cuidado. Esta figura no es topológicamente equivalente a las anteriores.

Alicia se detuvo a contemplar la figura, sin apartar la mano de la pared.

—Bueno, eso ya está un poco mejor —dijo—. Espero que el suelo del laberinto sea una superficie continua y no caigamos en ningún agujero...

El monstruo del laberinto

Durante un buen rato dieron vueltas y más vueltas por el tortuoso laberinto, sin que Alicia apartara nunca la mano de la tupida pared vegetal.

De pronto se oyó un horrísono mugido-rugido que hizo que la niña se detuviera en seco.

—¿Qué ha sido eso? —preguntó alarmada.

—El horrísono mugido-rugido del monstruo del laberinto, supongo —contestó Charlie como si tal cosa.

—¿Por eso no quería entrar el Cero?

—Es probable. Pero sigamos adelante.

—¿No sería más prudente volver atrás?

—En un laberinto, los conceptos «adelante» y «atrás» no están muy claros. El monstruo podría aparecer por cualquier sitio, así que lo mejor que podemos hacer es continuar nuestro camino.

—¿Cómo es ese monstruo? —preguntó Alicia con cierta aprensión mientras reanudaban la marcha.

—¿Has oído hablar del laberinto de Creta?

—Sí. Dentro había un hombre con cabeza de toro llamado Minotauro.

—Pues tengo entendido que el monstruo de este laberinto es pariente suyo, aunque yo nunca he conseguido verlo. Espero tener más suerte esta vez.

—¿Llamas suerte a encontrarte con un monstruo? ¡Pues no quiero ni pensar en lo que será para ti la desgracia! —exclamó Alicia.

—La desgracia es una niña que dice que las matemáticas no sirven para nada —dijo Charlie.

Alicia iba a replicar algo, pero se quedó con la boca abierta porque, de pronto, al doblar uno de los innumerables recodos del laberinto, desembocaron en un acogedor recinto cuadrado; solo le faltaba un techo para parecer el salón de una vivienda. Los muebles estaban modelados en arbustos de boj, y había algunas estanterías excavadas directamente en el tupido seto que formaba las paredes del laberinto.

En el centro de aquel espacio relativamente amplio, una mujer robusta y un tanto entrada en carnes, embutida en unas mallas de gimnasia, hacía rítmicas flexiones de cintura. La mujer tenía cabeza de vaca.

—¿Es la hermana del Minotauro? —preguntó Alicia con los ojos desorbitados.

—O de Álvar Núñez —comentó Charlie.

Al percatarse de su presencia, la Minovaca interrumpió sus ejercicios gimnásticos y se quedó mirándolos con los brazos en jarras.

—¿Adónde creéis que vaaais? —preguntó con voz profunda y alargando mucho la *a* de «vais», lo que a Alicia le sonó muy prepotente.

—¿Y a ti qué te importa? —contestó la niña, aunque no sin antes resguardarse detrás de Charlie.

—¿Cómo que a mmmí que me importa, niñata impertinente? ¡Estáis en mmmi laberinto!

—Entonces puede que te importe adónde vamos, pero adónde *creemos* que vamos es asunto nuestro —replicó Alicia.

—Mmm —mugió la Minovaca, amenazadora—. No me gustan las mmmarisabidillas.

—No es una marisabidilla —intercedió Charlie, conciliador—. Más bien es una «mariignorantilla»; ni siquiera se sabe la tabla de multiplicar.

—¿Es eso cierto? —se asombró la Minovaca.

—No sé nada de mates, ni ganas —dijo Alicia desafiante, aunque sin salir de detrás de Charlie.

—Bien, hoy mmme siento generosa. Te haré una prueba de ignorancia, y si la superas te dejaré mmmarchar.

—No se puede hacer una prueba de ignorancia —objetó la niña.

—¡Yo puedo hacer lo que mmme dé la gana!

—Quiero decir que no tiene sentido hacerle a alguien una prueba de ignorancia —precisó Alicia—. Ignorar cosas es demasiado fácil.

—Ignorar cosas es bastante fácil —convino la Minovaca—, aunque no siempre. Pero lo que ya no es tan fácil es saber lo que se ignora y lo que no se ignora. De hecho, el conocimmmiento de la propia ignorancia es la verdadera clave de la sabiduría.

—Pues yo sé muy bien lo que no sé —aseguró Alicia con aplomo.

—Vammmos a verlo. Dice tu amigo que no te sabes la tabla de muuultiplicar.

—Entera, no. Ni me la pienso aprender. Primero te dicen que las mates son cosa de razonar y no de empollar, y luego pretenden que te aprendas de memoria un montón de multiplicaciones.

—Solo unas pocas. Y luego, a partir de esas pocas, puedes efectuar fácilmente todas las muuultiplicaciones del muuundo, gracias a nuestro mmmaravilloso sistema de nummmeración posicional.

—Sí, al menos no tenemos que usar esos engorrosos números romanos —comentó Alicia, acordándose de su primera conversación con Charlie.

—Son engorrosos y poco prácticos —convino la Minovaca—, pero precisammmente para empezar a conocer las muuultiplicaciones pueden ser útiles.

En ese momento llegó el Conejo Blanco, tan nervioso como siempre.

—¡Qué terrible retraso! —exclamó para sí, consultando su reloj de bolsillo, e intentó escabullirse disimuladamente. Pero la imperiosa voz de la Minovaca lo detuvo en seco:

—¡Tú, ven aquí!

El Conejo Blanco se acercó con las orejas gachas.

—Discúlpame, es que tengo mucha prisa y... —empezó a decir.

—Esta niña también tiene muuucha prisa por aprender —lo cortó secamente la Minovaca—. Déjame tu reloj.

Obedientemente, el Conejo Blanco le dio su reloj. La Minovaca se lo enseñó a Alicia.

—Aquí tenemos veinte unos —le dijo—, que nos servirán para componer la tabla de muuultiplicar del uno al cuatro.

—¿Por qué el cuatro son cuatro palotes y no un palote y una uve? —preguntó Alicia.

—Porque un palote y una uve, o sea, IV, es también la primmmera sílaba de IVPITER, que es Júpiter en latín. Como sabes, o deberías saber, Júpiter era el dios más importante para los antiguos rommmanos, y les parecía una irreverencia utilizar sus iniciales para designar el númmmero cuatro, que ni siquiera es un número muuuy importante, así que lo escribían con cuatro unos. Únicamente en la Edad Mmmedia empezó a escribirse de la forma correcta, pero en los relojes se suele seguir la antigua costumbre rommmana. Pero se supone que esto es una clase de matemmmáticas, no de historia. Seguidme.

La Minovaca fue hacia una mesita baja (que era un pequeño arbusto de boj con la parte superior podada formando una superficie plana y horizontal) sobre la que había un tablero cuadrado y blanco.

Agitó el reloj sobre el tablero, y los veinte unos cayeron sobre él formando un montoncito informe. Luego se llevó a la boca un silbato que llevaba colgado del cuello (Alicia había visto vacas con cencerros, pero nunca con silbatos), sopló cuatro veces y los unos se colocaron en formación sobre el blanco tablero en cuatro filas de cinco:

$$I \quad I \quad I \quad I \quad I$$
$$I \quad I \quad I \quad I \quad I$$
$$I \quad I \quad I \quad I \quad I$$
$$I \quad I \quad I \quad I \quad I$$

—¿Cómo lo has hecho? —preguntó Alicia asombrada.

—Soy la reina de los tableros, las tablas y los establos, las tabulaciones y las estabulaciones —dijo con orgullo la Minovaca—. Y ahora, dimmme, ¿qué ves en el tablero?

—Veinte palotes —contestó la niña—. O veinte unos romanos, si lo prefieres.

—¿Cómmmo están ordenados?

—En cuatro filas de cinco.

—¿Y por qué no en cinco colummmnas de cuatro?

—Es lo mismo.

—Exacto. Cuatro veces cinco es lo mmmismo que cinco veces cuatro. Acabas de descubrir la propiedad conmuuutativa de la muuultiplicación, o sea, eso tan bonito de que «el orden de los factores no altera el producto».

Dicho esto, la Minovaca dio varios toques de silbato rítmicos y entrecortados, y los palotes se reordenaron sobre el tablero formando una fila y una columna con los números romanos del I al IIII.

```
IIII

III

II

I    I   II   III   IIII
```

—¿Por qué se han puesto así? —preguntó Alicia.

—Los he estabulado para formmmar la tabla del 4 —contestó la Minovaca, y de un disimulado hueco del arbusto-mesa sacó dos saleros, uno grande y otro pequeño.

—¿Te los vas a comer?

—No, yo solo commmo niñas immmpertinentes. Eres tú la que tiene que devorarlos, es decir, asimmmilarlos, pero con la cabeza. En estos saleros hay seta pulverizada. Ya sabes, la seta de la Oruga, que por un lado hace crecer y por el otro mmmenguar.

—¿En el salero grande están los polvos que hacen crecer y en el pequeño los que hacen menguar?

—Al revés, naturalmmmente.

—¿Por qué «naturalmente»?

—Porque lo mmmás natural es hacer crecer lo pequeño y hacer mmmenguar lo grande —contestó la Minovaca, mientras espolvoreaba los unos con el menor de los saleros. En pocos segundos, los palotes crecieron hasta alcanzar unas veinte veces su tamaño original.

63

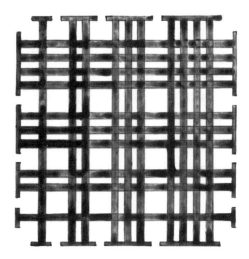

—Están formando una especie de parrilla —comentó Alicia.

—Pues esa parrilla es la tabla del 4. Las intersecciones de dos númmmeros indican su producto.

—Es verdad. El dos y el tres se cortan en seis puntos; el tres y el cuatro, en doce...

La Minovaca espolvoreó los palotes con el salero grande, y enseguida recuperaron su anterior tamaño. Luego puso el reloj del Conejo Blanco sobre el tablero, dio un par de enérgicos toques de silbato, y los unos regresaron ordenadamente a su lugar en la esfera.

—¿Puedo irme ya? ¡Tengo tanta prisa! —suspiró el Conejo Blanco.

—Por mmmí sí —contestó la Minovaca, devolviéndole su reloj—, pero con lo atolondrado que eres no sé si lograrás salir del laberinto.

El Conejo no se lo hizo repetir: salió corriendo como una blanca exhalación y, acto seguido, desapareció por una disimulada abertura de la pared vegetal.

—Bien, mmmosquita mmmuerta —dijo la Minovaca mirando fijamente a Alicia—, veammmos ahora lo que realmmmente ignoras. ¿Qué tabla no te sabes?

—No me sé la del siete, por ejemplo —contestó la niña—. Y no me llames mosquita muerta. Soy tan mamífera como tú.

—Entonces te llammmaré muuusaraña, que es el mammmífero más pequeño e insignificante que existe. A ver, siete por dos.

—Eso lo sabe todo el mundo: catorce.

—¿Y siete por tres?

—Es lo mismo que tres por siete: veintiuno.

—¿Siete por cuatro?

—El doble de siete por dos: veintiocho.

—¿Ves commmo no sabes realmmmente lo que ignoras? Sí que te sabes la tabla del siete.

—No del todo —replicó Alicia—. Por ejemplo, no sé cuánto da siete por nueve.

—Pero si te supieras la tabla del nueve sí que lo sabrías.

—Claro, porque siete por nueve es igual que nueve por siete. Pero es que tampoco me sé la del nueve.

—Sí que te la sabes. Mmmira...

La Minovaca sacó de otro hueco del arbusto-mesa una cajita llena de números y guiones, que vació sobre el blanco tablero y ordenó a golpe de silbato. Los guiones se cruzaron para formar × o se yuxtapusieron en signos de igualdad, y las cifras ocuparon sus puestos disciplinadamente:

$$9 \times 2 = 18$$
$$9 \times 3 = 27$$
$$9 \times 4 = 36$$
$$9 \times 5 = 45$$
$$9 \times 6 = 54$$
$$9 \times 7 = 63$$
$$9 \times 8 = 72$$
$$9 \times 9 = 81$$

—Faltan nueve por uno y nueve por diez —observó Alicia.

—No faltan, sobran —replicó la Minovaca—, porque son triviales. Cualquier númmmero por uno es él mmmismo, y por diez basta con añadirle un cero. Bien, fíjate en esta tabla.

—Ya la veo, pero me olvidaré de ella en cuanto deje de verla —aseguró la niña.

—No he dicho que la veas, sino que te fijes en ella, para que ella pueda fijarse en tu cabezota.

—¿Y cómo tengo que fijarme?

—Fijarse en algo es mmmirarlo ordenadammmente, así que empecemmmos por el principio: 9 × 2 = 18; la primmmera cifra del producto es 2 - 1 = 1, y la segunda, lo que le falta a ese 1 para llegar a 9, o sea, 9 - 1 = 8. Pasemmmos al siguiente producto: 9 × 3 = 27; la primmmera cifra es 3 - 1 = 2, y la segunda, lo que le falta a ese 2 para llegar a 9, o sea, 9 - 2 = 7...

—¡Ya lo veo —exclamó Alicia—, siempre es así!

—Entonces, ¿cuánto es 9 × 7? —preguntó la Minovaca, tapando con una mano la tabla para que la niña no la viera.

—La primera cifra del producto será 7 - 1, o sea, 6, y la segunda, lo que le falta a 6 para llegar a 9, que es 3. Por lo tanto, 9 × 7 = 63.

—¿Lo ves? Sabías la tabla del nueve, pero no sabías que la sabías. En realidad, sí que te sabes la tabla de muuultiplicar.

—Entera, no.

—Entera, sí —replicó la Minovaca. Sopló sobre el tablero, y las cifras y los signos salieron volando como pequeños insectos negros; luego le dio la vuelta: en su reverso (¿o era su anverso?) había una cuadrícula de 8 × 8.

—Es como un tablero de ajedrez, pero con todas las casillas blancas —comentó Alicia.

—Es un tablero y es una tabla: la de muuultiplicar —dijo la Minovaca. Sacó otra cajita llena de cifras, mayor que la anterior, y vació su contenido. Con unos cuantos toques de silbato, puso las cifras en formación:

9	18	27	36	45	54	63	72	81
8	16	24	32	40	48	56	64	72
7	14	21	28	35	42	49	56	63
6	12	18	24	30	36	42	48	54
5	10	15	20	25	30	35	40	45
4	8	12	16	20	24	28	32	36
3	6	9	12	15	18	21	24	27
2	4	6	8	10	12	14	16	18
	2	3	4	5	6	7	8	9

—Faltan la tabla del uno y la del diez... —empezó a decir Alicia.

—Y dale. Ya te he dicho que no faltan, sino que sobran: las elimmmino por triviales. Y si sigues diciendo trivialidades, también te elimmminaré a ti —la amenazó la Minovaca.

—Iba a decir que faltan la del uno y la del diez, y aun así hay un montón de productos que hay que aprenderse de memoria —protestó la niña.

—Mmmedio mmmontón nada mmmás. Fíjate en la diagonal que va del ángulo inferior izquierdo al superior derecho: los productos que hay por encimmma de ella son los mmmismos que hay por debajo.

—Es cierto —admitió Alicia—. Pero medio montón sigue siendo mucho.

—En realidad no es nada. La tabla del dos no es mmmás que la serie de los números pares: 2, 4, 6, 8..., así que podemmmos elimmminarla por trivial. La del tres...

—Esa me la sé.

—Pues tammmbién podemmmos elimmminarla. La del cuatro es el doble que la del dos: si sabes que $2 \times 3 = 6$, también sabes que $4 \times 3 = 12$. La del cinco es immmposible no saberla, pues basta con muuultiplicar por diez la mmmitad de cada númmmero. Así, la mmmitad de 6 es 3, luego $5 \times 6 = 30$; la mitad de 7 es 3,5, luego $5 \times 7 = 35$...

—Es verdad, ahora caigo...

—Pues levántate, que seguimmmos. La del seis es el doble que la del tres: como $3 \times 4 = 12$, $6 \times 4 = 24$, etcétera. La del ocho...

—Te has saltado la del siete.

—No mmme la he saltado, mmmarisabidilla, la he dejado para el final. La del ocho es el doble que la del cuatro, que es el doble que la del dos: como $4 \times 3 = 12$, $8 \times 3 = 24$. Y la del nueve ya te la sabes.

—Pero falta la del siete.

—Parece que falta —replicó la Minovaca—, pero commmo te sabes todas las demmmás, sabes que $2 \times 7 = 14$, $3 \times 7 = 21$, $4 \times 7 = 28$, $5 \times 7 = 35$, $6 \times 7 = 42$, $8 \times 7 = 56$ y $9 \times 7 = 63$. Solo te falta 7×7...

—Eso lo sé: $7 \times 7 = 49$.

—¿Ves commmo sí que te sabes la tabla de mmmultiplicar? Así que no has superado la prueba de ignorancia; debería devorarte.

—No puedes devorarme, las vacas son herbívoras —replicó Alicia, aunque volvió a resguardarse detrás de Charlie.

—Bueno, mmme commmeré tu pelo ammmarillo, que es commmo paja.

—¡No es como paja —protestó la niña—, es un precioso cabello de un rubio dorado!

—Tal vez te deje mmmarchar si mmme halagas de formmma convincente.

—Eres la mejor profe de mates que jamás he conocido —dijo Alicia con convicción.

La Minovaca sonrió complacida y se ruborizó de placer: era evidente que el halago había sido de su agrado. La niña le comentó a Charlie en voz baja:

—Tan risueña y coloradota, parece la Vaca que Ríe.

—Pues es la Minovaca que Sonríe —dijo el escritor, que no perdía ocasión de precisar.

El desierto de trigo

Mientras seguían avanzando por el intrincado laberinto, Alicia le preguntó a Charlie:

—¿Por qué el Cero le tenía tanto miedo a la Minovaca? En el fondo, es inofensiva.

—Para nosotros, tal vez; pero ten en cuenta que los naipes son de cartulina y que las vacas comen papel, pues está hecho de celulosa, igual que la hierba.

Al cabo de un rato, la niña se dio cuenta de que el suelo del laberinto empezaba a cubrirse de una fina gravilla. Una gravilla muy suave y uniforme, que crujía de un modo extraño bajo sus pies. Al agacharse para examinarla de cerca, Alicia exclamó:

—¡Es trigo! ¡El suelo está alfombrado de granos de trigo!

—Eso significa que estamos cerca de la salida —comentó Charlie sin inmutarse.

Y, efectivamente, poco después, salieron a una inmensa y ondulada extensión amarillenta, un deslumbrante desierto que parecía no tener fin. Solo que no era un desierto de arena, sino de trigo.

—¿Qué es esto? —preguntó Alicia, con los ojos muy abiertos por el asombro.

—Es la deuda del rey Shirham —contestó Charlie—. Mejor dicho, una pequeña parte de su deuda.

—¿Y a quién le debe tanto trigo?

—Será mejor que te lo cuente él mismo. ¿Ves un puntito negro sobre aquella duna, la más alta? Debe de ser él. Vamos a hacerle una visita.

Tras una larga y fatigosa marcha por el inmenso granero, llegaron a lo alto de la duna. Un anciano de larga barba blanca, con turbante y lujosamente ataviado al estilo oriental, estaba sentado con las piernas cruzadas sobre una alfombra multicolor. A su lado, sobre la alfombra, había un tablero de ajedrez. A unos pocos metros, semihundido en la duna, un gran cuerno vomitaba un incesante y voluminoso chorro de granos de trigo, que resbalaban sobre la suave pendiente como un lento río vegetal.

Alicia se acercó al anciano y, tras saludarlo educadamente, le preguntó:

—¿Es verdad que con todo este trigo estás pagando una deuda?

—Así es —contestó Shirham—. Hace unos dos mil años, cuando yo era rey de la India, el inventor del ajedrez me pidió como recompensa un grano

de trigo por la primera casilla del tablero, dos por la segunda, cuatro por la tercera, ocho por la cuarta, y así sucesivamente, duplicando en cada casilla el número de granos de la anterior.

—Pero eso no puede ser mucho —comentó Alicia.

—Eso pensé yo —dijo el rey con un suspiro—. Pero cuando los matemáticos de la corte calcularon el número de granos que tenía que entregarle al astuto inventor, resultó que no había en el mundo trigo suficiente ni lo había habido desde el origen de los tiempos. Mira, aquí tienes la cuenta.

El rey le tendió a Alicia el tablero de ajedrez. En cada casilla había un número escrito:

1	2	4	8	16	32	64	128
256	512	1.024	2.048	4.086	8.192	16.384	32.768
65.536	131.072	262.144	524.288	1.048.576	2.097.152	4.194.304	8.388.608
16.777.216	33.554.432	67.108.864	134.217.728	268.435.456	536.870.912	1.073.741.824	2.147.483.648
4.294.967.296	8.589.934.592	17.179.869.184	34.359.738.368	68.719.476.736	137.438.953.472	274.877.906.944	549.755.813.888
1.099.511.627.776	2.199.023.255.552	4.398.046.511.104	8.796.093.022.208	17.592.186.044.416	35.184.372.088.832	70.368.744.177.664	140.737.488.355.328
281.474.976.710.656	562.949.953.421.312	1.125.899.906.842.624	2.251.799.813.685.428	4.503.599.627.370.496	9.007.199.254.740.992	18.014.398.509.481.984	36.028.797.018.963.968
72.057.594.037.927.936	144.115.188.075.855.872	288.230.376.151.711.744	576.460.752.303.423.488	1.152.921.504.606.846.976	2.305.843.009.213.693.952	4.611.686.018.427.387.904	9.223.372.036.854.755.808

—¡Qué barbaridad! —exclamó la niña—. Y encima hay que sumar todas las casillas para saber cuál es el total.

—Eso es muy fácil —intervino Charlie.

—¿Fácil? Una suma con 64 sumandos, y muchos de ellos enormes...

—Fíjate bien; o sea, fíjate de manera ordenada y empezando por el principio, como diría la Minovaca —dijo el escritor—. Los dos primeros números suman 3, y el tercero es 4; los tres primeros números suman 7, y el cuarto es 8; los cuatro primeros números suman 15, y el quinto es 16...

—¡Ya lo veo! Cada número es la suma de todos los anteriores más uno.

—Exacto. Entonces, la suma de todos los números de esta serie será el doble del último menos uno, o sea, 18.446.744.073.709.551.615. En números redondos, serían unos 18 trillones y medio.

—¿Y eso es mucho? No puedo imaginarme cómo es un trillón.

—Nadie puede imaginárselo, es un número que se sale por completo de la modesta escala humana. Para que te hagas una idea, el cuerno de la abundancia, que figuraba entre los tesoros del rey Shirham, produce un metro cúbico de trigo por segundo, y en un metro cúbico hay unos 15 millones de granos...

—Entonces no puede tardar mucho en pagar la deuda.

—¿Tú crees? Vamos a calcularlo. El cuerno lleva dos mil años produciendo trigo sin parar un solo instante. En un día hay 86.400 segundos, luego en un año hay unos 30 millones. En dos mil años hay, pues, unos 60.000 millones de segundos, y como cada segundo el cuerno genera 15 millones de granos, en ese tiempo ha producido alrededor de un trillón. A este ritmo, tardará más de 30.000 años en producir los 18 trillones y medio necesarios.

—¡Es terrible! —se estremeció Alicia—. Me dan mareos solo de pensarlo. Salgamos cuanto antes de este monstruoso desierto de trigo.

—Tal vez el rey tenga la bondad de indicarnos la forma de salir —comentó Charlie mirando a Shirham.

—Mi alfombra os llevará —dijo este—. Pero antes tenéis que jugar conmigo una partida de ajedrez. Y además, como estoy harto de números astronómicos y plazos interminables, tendréis que ganarme en el menor número de jugadas posible.

Acto seguido, el rey sacó de una caja de marfil primorosamente labrada las piezas de ajedrez y las dispuso sobre el tablero. Colocó las blancas de su lado e hizo el primer movimiento: adelantó una casilla el peón del alfil de rey.

—¿Cómo le vamos a ganar en el menor número de jugadas? —le susurró Alicia a Charlie—. ¡Y encima juega él con las blancas!

—Eso facilitará las cosas —la tranquilizó el escritor.

—¿Por qué?

—Si el rey nos desafía a ganarle en el menor número de jugadas es porque ello es posible, pues de lo contrario no sería un reto honrado. Y para que sea posible, él tiene que colaborar —explicó Charlie, adelantando una casilla el peón de rey negro.

—¿Y cómo sabemos que es honrado? —le preguntó Alicia en voz baja.

—Un hombre que paga una deuda de 18 trillones y medio de granos de trigo tiene que ser honrado —sentenció el escritor.

Shirham adelantó dos casillas su peón de caballo de rey y dijo:

—Ahora tiene que jugar la niña, puesto que la primera jugada la ha hecho el hombre.

—Ten en cuenta, Alicia —le advirtió Charlie—, que para que la partida sea la más corta posible tienes que ganar *ya*.

—¿Ya? —exclamó la niña. Observó con atención la disposición de las piezas, y por fin movió la dama en diagonal hasta el borde del tablero—. ¡Jaque mate!

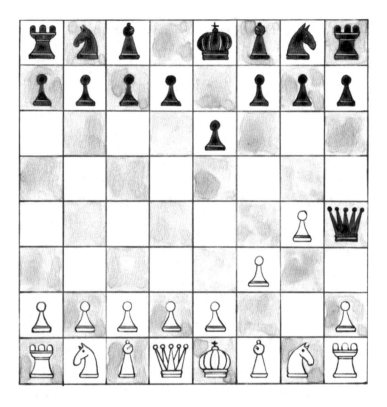

—Muy bien —la felicitó Shirham—, esta es, efectivamente, la partida más corta posible. Tenía ganas de jugarla. Tomad mi alfombra.

—¿Es una alfombra voladora? —preguntó Alicia.

—Mejor aún —contestó el rey—, es una alfombra deslizadora.

Un bosque de números

80   Sentados sobre la alfombra con las piernas cruzadas, Alicia y Charlie se deslizaban por la suave pendiente. Era como ir en trineo, pero con trigo en vez de nieve.

—¿Cómo sabemos adónde vamos? —preguntó la niña.

—No lo sabemos, pero da igual. Esto es, en realidad, un gran montón de trigo, y como siempre vamos cuesta abajo (ya que, como sabes, es imposible deslizarse cuesta arriba), acabaremos saliendo del montón.

Efectivamente, poco después llegaron a un extraño bosque cuyos árboles, sin hojas y con las ramas hacia arriba, más bien parecían caprichosos candelabros de distintas alturas y número de brazos. Algunos no medían más de dos metros, y otros eran altísimos, con varios niveles de brazos que se ramificaban de manera curiosamente homogénea. El extremo de cada rama de la copa estaba rematado por una bola tan negra como el resto del árbol.

—Tengo la sensación de que estos árboles significan algo —dijo Alicia, levantándose de la alfombra—, pero no caigo...

—Así es —dijo Charlie—. Estos árboles representan los números. La cantidad de bolas de cada árbol indica el número al que corresponde. Aquí está el 1, en el que la única rama se confunde con el tronco; por eso es un número tan *singular*. Y el 2, cuyo tronco, naturalmente, se bifurca en dos ramas. Y el 5, que parece una mano abierta...

—¿Y por qué el 10 tiene primero dos ramas que salen del tronco y luego de cada una salen cinco más? —preguntó Alicia.

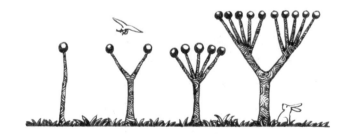

—Verás, cada árbol tiende a ser lo más alto posible, pero siguiendo siempre esta sencilla regla: todas las ramas de un nivel tienen que subdividirse en el mismo número de ramas en el nivel siguiente.

—Por eso, en el 10, las dos ramas del primer piso se dividen en cinco ramas cada una en el piso siguiente.

—Exacto. Y por eso los números primos, como el 2 y el 5, o el 17, que está al lado del 10, solo tienen un «piso», como tú los llamas.

—¿Y por qué están en desorden? En la primera fila, el 1, el 2, el 5, el 10, el 17... En la segunda, el 4, el 3, el 6, el 11...

—No están en desorden —replicó Charlie, sacando su lápiz y un cuaderno de bolsillo y escribiendo en él una serie de números—. Siguen esta disposición...

1	2	5	10	17	26	37
4	3	6	11	18	27	38
9	8	7	12	19	28	...
16	15	14	13	20	29	
25	24	23	22	21	30	
36	35	34	33	32	31	

—¡Pues qué disposición tan rara! —comentó Alicia.

—Solo en apariencia. Si te fijas, los números sucesivos van formando cuadrados cada vez más grandes —señaló Charlie, y enmarcó varios grupos de números.

1	2	5
4	3	6
9	8	7

—Ah, ya lo veo.

—Por eso la primera columna es la serie de los cuadrados perfectos: 1, 4, 9, 16, 25, 36...

A medida que se adentraban en el bosque, los árboles crecían en tamaño y altura.

—¿Sabemos adónde vamos? —preguntó entonces Alicia.

—Alguien dijo que un matemático es un hombre perdido en un bosque de números —contestó Charlie soñador.

—¿Y por qué no una mujer? —replicó Alicia, que de vez en cuando planteaba reivindicaciones feministas.

—Porque entonces no sería un matemático, sino una matemática. Pero sí, tienes razón, la frase también vale para ti en este momento.

—¿Acabamos de entrar y ya estamos perdidos?

—Es solo una forma de hablar. En realidad, entre los números es difícil perderse, porque suelen seguir algún tipo de pauta. Ahora, por ejemplo, nos interesa cruzar el bosque en diagonal, y para ello solo tenemos que seguir la serie 1, 3, 7, 13, 21, 31... —dijo Charlie, señalando con su lápiz la diagonal del cuadrado de números que acababa de componer en su cuaderno.

—¿Y tenemos que continuar haciendo cuadrados cada vez más grandes para averiguar los números siguientes?

—No hace falta. Si te fijas, la serie sigue una pauta sencilla: 3 es 1 + 2, 7 es 3 + 4, 13 es 7 + 6, 21 es 13 + 8...

—¡Ya lo veo! Cada vez se suman dos más al número anterior: 31 es 21 + 10, luego el siguiente será 31 + 12, o sea, 43 —dedujo Alicia.

—Exacto. Así que para estar seguros de cruzar el bosque en diagonal, solo tenemos que ir comprobando de vez en cuando que pasamos junto a los árboles de esa serie.

—Sí, pero los números se hacen cada vez mayores y es una lata tener que contar tantas bolas.

—El cómputo se puede simplificar mucho con un poco de método. Por ejemplo, acabo de darme cuenta de que nos hemos desviado un poco hacia la izquierda, porque para seguir la diagonal deberíamos haber pasado junto al 57, y este es el 56.

—¿Cómo has podido contar las bolas tan deprisa? —se sorprendió Alicia.

—El árbol tiene cuatro niveles de ramas: en los tres primeros niveles, de cada bifurcación salen dos ramas, y en el cuarto nivel de cada rama salen siete. Por lo tanto, no tienes más que multiplicar 2 × 2 × 2 × 7 para saber que hay 56 bolas. Al crecer lo más posible siguiendo la regla que te he dicho antes, los árboles descomponen cada número en sus factores primos.

—O sea, factores lo más pequeños posibles, para que haya más niveles de ramas.

—Exacto: cuantos más factores, más niveles, y los factores más pequeños son siempre primos, porque si no, aún podrían descomponerse en otros factores —dijo Charlie.

—¿Conoces otros trucos para contar deprisa y sin esfuerzo?

—Desde luego. Te voy a contar uno muy bueno que descubrió un niño de tu edad. Se llamaba Carl Friedrich Gauss, y llegó a ser uno de los matemáticos más grandes de todos los tiempos. Un día, en el colegio, un profesor mandó a toda la clase, como castigo, sumar los números del 1 al 100...

—¿Ves cómo los profes de mates son unos cenutrios? —Alicia no sabía muy bien lo que significaba *cenutrio*, pero le parecía un insulto de lo más contundente.

—Algunos sí —admitió Charlie—. El caso es que con el pequeño Gauss esta cenutriez no dio resultado, pues efectuó la suma en apenas unos segundos.

—¿Cómo pudo hacerlo?

—Pues muy sencillo. Se dio cuenta de que podía emparejar los cien primeros números de la siguiente forma:

$$1 + 100 = 101$$
$$2 + 99 = 101$$
$$3 + 98 = 101$$
$$...$$
$$48 + 53 = 101$$
$$49 + 52 = 101$$
$$50 + 51 = 101$$

—De este modo, se obtiene cincuenta veces 101, por lo que la suma total es $50 \times 101 = 5.050$.

—Muy astuto, el pequeño Gauss.

—Sin proponérselo, había descubierto la fórmula que expresa la suma de los miembros de una progresión aritmética.

—Ya estás hablando otra vez como un profe —se quejó Alicia.

—Tranquila, que enseguida te lo explico. Una progresión aritmética es, sencillamente, una serie de números en la que cada uno es igual al anterior más una cantidad fija, que se llama «razón». La progresión aritmética más sencilla es, precisamente, la serie de los números naturales: 1, 2, 3, 4, 5..., porque cada número es igual al anterior más 1. La serie de los números impares: 1, 3, 5, 7, 9...

—Es una progresión aritmética de razón 2; y la de los pares también —concluyó Alicia.

—Exacto. ¿Ves cómo es muy sencillo?

—Sí, pero ¿qué necesidad hay de usar palabrejas como «progresión aritmética», «razón» y todo eso? Es más fácil decir que a los números se les va sumando 1 cada vez, o 2...

—¿Tienes algún animal en tu casa? —preguntó entonces Charlie, cambiando aparentemente de tema.

—Sí, un gato siamés.

—¿Y por qué utilizas palabrejas como «gato» y «siamés»? Es más fácil decir «un animalito peludo que caza ratones y hace miau».

—¡No es lo mismo! —protestó Alicia.

—Sí que es lo mismo: poner nombres a las cosas y usar esos nombres es más cómodo y eficaz que describirlas cada vez que hablamos de ellas. Ahora que sabes lo que es una progresión, es mucho más práctico usar esa palabra que decir «una serie de números en la que cada uno es igual al anterior más una cantidad fija», del mismo modo que es más cómodo y más preciso decir «gato» que «animalito peludo que caza ratones y hace miau».

—Está bien, está bien. Pero reconocerás que hay personas que usan un montón de palabrejas para darse importancia y hacernos creer que saben mucho.

—Por desgracia, eso es muy cierto —admitió Charlie—. El mundo está lleno de charlatanes, embaucadores y pedantes. Pero eso no es culpa de las palabrejas, sino de quienes las usan mal. Volviendo a las progresiones...

El escritor se detuvo junto al frondoso 343 (de cuyo tronco salían siete ramas, de cada una de las cuales salían otras siete, que a su vez se subdividían en siete más), sacó el cuaderno y el lápiz, y empezó a escribir.

—¿Qué haces? —preguntó Alicia.

—Como muy bien has dicho, la serie de los números pares (2, 4, 6, 8, 10...) también es una progresión aritmética. Vamos a calcular la suma de sus diez primeros términos.

—¿Usando el truco del pequeño Gauss?

—Sí, pero vamos a hacerlo de una forma ligeramente distinta para verlo más claro. Primero escribo esos diez primeros términos en su orden normal y luego, debajo, en orden inverso...

2	4	6	8	10	12	14	16	18	20
20	18	16	14	12	10	8	6	4	2

—¿Para qué los escribes dos veces?

—Ahora sumamos las dos series, y vemos que diez veces 22 (que es 20 + 2, o sea, el primer término más el último) es el doble de la suma de los diez términos, ya que los hemos contado todos dos veces. Por lo tanto, la suma que buscamos será 22 × 10 / 2 = 110.

	2	4	6	8	10	12	14	16	18	20
+	20	18	16	14	12	10	8	6	4	2
	22	22	22	22	22	22	22	22	22	22

—Y esto se puede hacer con todas las progresiones aritméticas —comentó Alicia.

—Claro. Si llamamos p al primer término de una progresión aritmética cualquiera, u al último, *n* al número de términos y *S* a su suma, tenemos que *S* = (*p* + *u*) *n* / 2. En el caso de los cien primeros números, *p* es 1, *u* es 100 y *n* también es 100; luego *S* = (1 + 100) × 100 / 2 = 101 × 50 = 5.050, como ya sabíamos.

Echaron a andar de nuevo y, tras una pausa, Alicia preguntó:

—¿Los granos de trigo del tablero de ajedrez también forman una progresión?

—Sí, pero geométrica, porque cada número se obtiene multiplicando el anterior por una cantidad fija, y no sumándosela como en la progresión aritmética. La serie 1, 2, 4, 8, 16, 32... es una progresión geométrica de razón 2, porque cada número es igual al anterior multiplicado por 2.

Pero Alicia ya no le escuchaba: estaba husmeando el aire con delectación.

—¡Huele a tarta de manzana! —exclamó.

El té de las cinco

—Eso significa que el Sombrerero Loco y sus amigos están tomando el té de las cinco —comentó Charlie—. Lo cual no tiene nada de extraño, pues lo toman a todas horas.

Y, efectivamente, siguieron avanzando por la diagonal del bosque de números y poco tiempo después vieron al Sombrerero y la Liebre de Marzo tomando el té en una mesa dispuesta bajo un árbol. Entre ellos, el Lirón dormía profundamente.

La mesa era muy grande, y sin embargo los tres comensales se habían agrupado muy juntos en una esquina. Al ver acercarse a Alicia, la Liebre y el Sombrerero empezaron a gritar:

—¡No hay sitio! ¡No hay sitio!

—Hay sitio de sobra —replicó la niña, indignada, a la vez que se sentaba en una amplia butaca que había a la cabecera de la mesa. Charlie, que la seguía sonriendo enigmáticamente, se sentó a su lado.

—¿Qué prefieres, media tarta de manzana o dos cuartas partes? —le preguntó la Liebre de Marzo a Alicia, mientras le ofrecía una obsequiosa sonrisa.

—¿Te estás quedando conmigo? Media tarta es lo mismo que dos cuartas partes —dijo la niña.

—Muy bien, acabas de descubrir las fracciones equivalentes —la felicitó el Sombrerero Loco.

—Claro: 1 / 2 = 2 / 4 —añadió la Liebre.

—Aunque a lo mejor eres una glotona y prefieres comerte el 50 % de la tarta —dijo el Sombrerero.

—¡Ya está bien de tomarme el pelo! —protestó Alicia—. El 50 % de la tarta también es lo mismo que la mitad.

—¡Qué niña tan lista! —exclamó la Liebre de Marzo, aplaudiendo con las orejas.

—¿Por qué el 50 % es lo mismo que la mitad? —preguntó el Lirón sin abrir los ojos.

—Porque si de cien partes tomas cincuenta, es lo mismo que tomar la mitad —contestó rápidamente Alicia.

—¿Ah, sí? ¡Cómo se nota que no eres tú la que tiene que partir la tarta! —replicó el Sombrerero—. ¿Crees que es lo mismo partirla en dos trozos y darte uno que partirla en cien trozos y darte cincuenta?

—El trabajo empleado en partirla no es el mismo —admitió la niña—, pero la cantidad de tarta que me toca es la misma.

—Por eso 1 / 2 y 50 / 100 son fracciones equivalentes —sentenció la Liebre—; la segunda se puede simplificar y convertirse en la primera.

—¡Se puede y se *debe* simplificar! —exclamó el Sombrerero Loco, agitando el cuchillo como si fuera una batuta—. De modo que no pretendas, niña caprichosa, que corte la tarta en cien partes para darte cincuenta.

—¡Yo no soy caprichosa ni pretendo...! —empezó a protestar Alicia, pero la Liebre de Marzo la interrumpió:

—A lo mejor esta niña tan simpática y tragona prefiere 0,5 tartas.

—Más tragona que simpática —matizó el Sombrerero.

—¡Basta ya! —exclamó Alicia exasperada—, 0,5 *también* es lo mismo que la mitad.

—¿Por qué? —preguntó el Lirón sin llegar a despertarse del todo.

—Pues porque... —empezó a decir la niña, pero se dio cuenta de que no lo tenía muy claro.

—Porque nuestro sistema de numeración posicional —dijo Charlie— no solo nos permite expresar unidades, decenas, centenas y demás múltiplos de diez mediante la posición de las cifras, sino también décimas, centésimas, milésimas...

—¿Y ese quién es? —preguntó la Liebre de Marzo, como si acabara de percatarse de la presencia de Charlie.

—Es un famoso escritor y matemático —contestó Alicia—, y además es vuestro autor: el mismísimo Lewis Carroll.

El Sombrerero y la Liebre se echaron a temblar.

—¡Piedad, señor autor, no nos aniquile! —imploró la Liebre de Marzo.

—¡Siga pensando en nosotros! —suplicó el Sombrerero Loco.

—No os preocupéis —los tranquilizó Charlie—, estáis entre mis personajes favoritos, y nadie desea más que yo que sigáis existiendo. Pero, además, aunque quisiera destruiros no podría hacerlo, puesto que vivís en la mente de millones de lectores. Ahora mismo, alguien os está leyendo.

—¿Ah, sí? ¿Entonces podemos ser díscolos e impertinentes contigo? —dijo la Liebre de Marzo; pero el Sombrerero Loco le dio una patada por debajo de la mesa y rogó:

—Por favor, querido autor, explícanos lo del sistema posicional.

—Es muy simple, como todas las cosas geniales —dijo Charlie—. Cuando escribimos, por ejemplo, 347, significa que tenemos 7 unidades, 4 decenas y 3 centenas...

Ni corto ni perezoso, el Sombrerero se sacó una brocha de un bolsillo, la mojó en un tarro de melaza y trazó sobre el blanco mantel las tres cifras a gran tamaño; luego, con un lápiz diminuto, escribió «centenas», «decenas» y «unidades» debajo de las cifras correspondientes.

$$3 \quad 4 \quad 7$$

centenas   decenas   unidades

—Has puesto perdido el mantel —comentó Alicia.

—Todo sea por la ciencia —dijo el Sombrerero—. Además, es un mantel lavable.

—Pues bien —prosiguió Charlie—, mediante una simple coma podemos ampliar nuestro maravilloso sistema posicional decimal e incluir también décimas, centésimas, milésimas... Así, si escribimos 347,125...

El Sombrerero Loco volvió a mojar la brocha en la melaza y a sacar el lapicito, y completó su tarea.

$$3\,4\,7{,}1\,2\,5$$

| centenas | decenas | unidades | décimas | centésimas | milésimas |

—Ya veo... La primera cifra a la derecha de la coma representa las décimas, por lo que 0,5 significa cinco décimas, o sea, la mitad —comentó Alicia.

—Exacto —dijo Charlie—. Y del mismo modo que diez unidades son una decena y diez decenas son una centena, diez décimas son una unidad, diez centésimas son una décima, diez milésimas son una centésima, y así sucesivamente. Si esta cifra expresara un peso en kilos...

—Sería una persona muy gorda —intervino la Liebre de Marzo.

—O un hipopótamo muy delgado —añadió el Sombrerero Loco.

—En cualquier caso, esa persona o ese hipopótamo pesaría 347 kilos y 125 gramos, ya que un gramo, como sabéis, es la milésima parte de un kilo —concluyó Charlie.

—¿No tomas más tarta? —le preguntó la Liebre a Alicia.

—No puedo tomar *más* tarta, puesto que aún no he tomado nada —replicó la niña.

—Si no has tomado nada, lo que no puedes, desde luego, es tomar menos —observó el Sombrerero—. ¿Qué prefieres, medio kilo de tarta o 500 gramos?

—La tomarás con té, supongo —añadió la Liebre—. ¿Quieres un cuarto de litro o 250 centímetros cúbicos?

—¡¿Otra vez?! —exclamó Alicia exasperada—. ¡Todo el mundo sabe que medio kilo es lo mismo que 500 gramos y que un cuarto de litro es lo mismo que 250 centímetros cúbicos!

—¿Por qué? —preguntó el Lirón abriendo un ojo; pero volvió a cerrarlo enseguida.

—Todo el mundo sabe, y además acabamos de decirlo —contestó la niña, con un gesto de impaciencia—, que un kilo son mil gramos, por lo que medio kilo es lo mismo que 500 gramos. Y todo el mundo sabe también que un cuarto de litro es lo mismo que 250 centímetros cúbicos.

—¿Por qué? —volvió a preguntar el adormilado Lirón.

—Charlie te lo explicará —dijo Alicia, que en realidad no lo tenía muy claro.

Con su característica media sonrisa enigmática, el escritor se sacó un dado de un bolsillo de la chaqueta y lo puso sobre la mesa.

—Este dado es un cubo de un centímetro de lado —dijo—, y su volumen es de un centímetro cúbico.

—¿Por qué? —preguntó el Lirón para no perder la costumbre.

—Por definición —contestó Charlie—; llamamos «centímetro cúbico» al volumen de un cubo de un centímetro de lado. Pues bien, un litro es igual a un decímetro cúbico, es decir, al volumen de un cubo de un decímetro de lado, y un decímetro cúbico son mil centímetros cúbicos. Por eso, un cuarto de litro es lo mismo que 250 centímetros cúbicos.

—¿Por qué un decímetro cúbico son mil centímetros cúbicos? —preguntó entonces Alicia—. Si no recuerdo mal, un decímetro son diez centímetros.

Charlie sacó su pequeño cuaderno de bolsillo y su lápiz e hizo un dibujo.

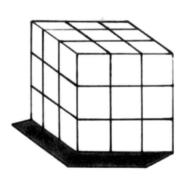

—Aquí tienes un cubo de tres centímetros de lado —dijo—. ¿Cuántos cubitos de un centímetro de lado contiene?

Tras examinar el dibujo con atención, la niña contestó:

—Hay tres pisos de nueve cubitos cada uno, por lo tanto son veintisiete.

—Exacto: 3 × 3 × 3 = 27. Análogamente, si el cubo tuviera un decímetro de lado, es decir, diez centímetros, contendría 10 × 10 × 10 = 1.000 cubitos de un centímetro de lado. Por lo tanto, un decímetro cúbico equivale a mil centímetros cúbicos.

—Lo que yo no acabo de creerme es que en un pequeño cubo de solo un decímetro de lado quepa todo un litro —dijo la Liebre de Marzo.

—Vamos a comprobarlo —propuso el Sombrerero Loco. Sacó de debajo de la mesa una pieza de fieltro grueso y bastante rígido, unas grandes tijeras, un metro, hilo y aguja y otros adminículos propios de su oficio. En un santiamén confeccionó un cubo de un decímetro de lado abierto por arriba, como una caja sin tapa—. Puede servirle de sombrero a algún cabeza cuadrada de esos que tanto abundan —comentó con una risita.

La Liebre tomó una botella de agua mineral de litro que había sobre la mesa, la abrió y la vació en la caja cúbica de fieltro.

—Se va a salir —comentó Alicia.

—Es fieltro impermeabilizado. Mis sombreros no calan —aseguró el Sombrerero, con orgullo profesional.

El agua llenó el recipiente de fieltro hasta el mismísimo borde, sin que se saliera ni una gota.

—Exactamente un litro, ¡qué casualidad! —exclamó la Liebre de Marzo.

—Pues aún no han terminado las «casualidades» —dijo Charlie, sonriendo al ver la cara de asombro de la Liebre—. Si pudiéramos pesar este litro o decímetro cúbico de agua...

—Podemos —afirmó el Sombrerero Loco, y sacó de debajo de la mesa una gran balanza de platillos de latón.

La Liebre vertió el agua del recipiente de fieltro en uno de los platillos, que, afortunadamente, era lo suficientemente grande como para contenerla toda. En el otro platillo, el Sombrerero puso una pesa de un kilo. La balanza quedó perfectamente equilibrada.

—¡Un litro pesa exactamente un kilo! —exclamó la Liebre de Marzo—. ¡Es asombroso!

—¿Por qué? —preguntó el Lirón entre ronquido y ronquido.

—No tiene nada de asombroso en absoluto —explicó Charlie—, se hizo así adrede, para que las medidas de longitud, capacidad y peso estuvieran relacionadas entre sí. Primero se definió el metro, que es muy aproximadamente la diezmillonésima parte del cuadrante de un meridiano terrestre. El cuadrante es la cuarta parte; o sea, que un meridiano mide unos 40 millones de metros, o lo que es lo mismo, 40.000 kilómetros. Una vez definido el metro con sus múltiplos y submúltiplos, se definió el litro como la capacidad de un recipiente cúbico de un decímetro de lado, y el kilo como el peso de un litro de agua.

—¿Por eso nuestro sistema de medidas se llama «sistema métrico»? —preguntó Alicia.

—Sí, porque todo él se basa en el metro.

—Si se basara en el litro, se llamaría lítrico —dijo el Sombrerero.

—Y si se basara en el gramo, se llamaría grámico —añadió la Liebre de Marzo.

—Su nombre completo es «sistema métrico decimal» —precisó Charlie—, porque las unidades van de diez en diez: diez milímetros son un centímetro, diez centímetros son un decímetro, diez decímetros son un metro...

En ese momento llegó un hombre naipe y, sin decir ni una palabra, le entregó un sobre al Sombrerero Loco, que lo abrió con manos temblorosas.

—Me temo lo peor —dijo, y tras leer la nota que contenía, exclamó—: ¡Lo peor de lo peor!

—La Reina de Corazones le ordena asistir como testigo a un juicio —comentó la Liebre de Marzo, leyendo la nota por encima del hombro del Sombrerero.

—Eso no es tan grave —lo tranquilizó Alicia—. Los testigos no corren ningún peligro.

—¡Me acusarán de falso testimonio y me cortarán la cabeza! —chilló el Sombrerero Loco—. ¡Y un sombrerero sin cabeza está acabado profesionalmente!

—No pueden acusarte de falso testimonio si no mientes —dijo la niña.

—¿Y cómo puedo saber si voy a mentir o no?

Alicia iba a replicar, pero el hombre naipe agarró al Sombrerero Loco del brazo y se lo llevó medio a rastras. La Liebre fue tras ellos, aunque a prudencial distancia.

—¿Por qué? —preguntó el Lirón, despertándose bruscamente. Miró confundido a su alrededor y se fue corriendo.

La sonrisa enigmática

106 No, el título no se refiere a la característica media sonrisa de Charlie, sino a una mucho más enigmática que apareció flotando en el aire, un par de metros por encima de la mesa.

—¡Qué cosa tan rara! —exclamó Alicia—. He visto muchas caras sin sonrisa, pero es la primera vez que veo una sonrisa sin cara.

Efectivamente, y eso era lo más enigmático, la sonrisa estaba sola: una boca de aguzados dientes sin nada detrás ni alrededor.

—No es tan raro ver sonrisas sin cara —replicó la boca flotante—. ¿Nunca has estado en un túnel lleno de negros alegres? Solo se ven las sonrisas.

—¿Quién eres? —preguntó Alicia, doblemente sorprendida al comprobar que aquella boca inverosímil no solo podía sonreír, sino también hablar.

—Soy una incógnita: no me ves, pero tienes algunos datos sobre mí, de modo que puedes despejarme.

—¿Despejarte?

—Despejar una incógnita —explicó Charlie— consiste en averiguar lo que es a partir de los datos que tenemos sobre ella.

—¡Pero yo no tengo ningún dato sobre eso! —protestó Alicia.

—Porque no te fijas —dijo la boca sonriendo burlona.

—¿Cómo puedo fijarme en algo que no veo?

—Ves, o deberías ver, que la rama en la que estoy posado se inclina levemente bajo mi peso, ves mis agudos dientes, oyes mi voz meliflua y ronroneante...

—¡Eres un gato! —exclamó Alicia.

—Te he dado muchas pistas —dijo el Gato de Cheshire apareciendo de cuerpo entero—. A ver si eres capaz de despejar esta otra incógnita: unladrillopesaunkilomásmedioladrillocuántopesaelladrillo.

Lo dijo tan deprisa que sonó como una sola palabra muy larga.

—Parece un trabalenguas —se quejó la niña.

—Pues es un trabaneuronas.

—Repítelo más despacio, no he entendido nada.

—Eres muy lenta de mollera. Fíjate bien, porque no volveré a repetirlo: un ladrillo pesa un kilo más medio ladrillo, ¿cuánto pesa el ladrillo?

—¿Kilo y medio?

—Eso es lo que yo llamo resolver de oído —dijo el Gato de Cheshire—. Oyes la palabra *kilo* seguida de la palabra *medio*, las pegas sin más averiguaciones y ¡hala! He visto muchos cerebros sin niña, pero es la primera vez que veo una niña sin cerebro.

—¡Yo no soy ninguna descerebrada! —replicó Alicia—. ¡No puedo resolver el problema mentalmente!

—Entonces resuélvelo físicamente —dijo el Gato—. Ahí tienes una balanza y una pesa de un kilo, ¿qué más quieres?

—No tengo ese ladrillo que pesa un kilo más medio ladrillo.

—Mira debajo de la mesa. Hay de todo.

En efecto, debajo de la mesa había varios ladrillos y, lo que era aún más sorprendente, varios medios ladrillos. Alicia vació el agua que había en uno de los platillos de la balanza y en su lugar puso un ladrillo; en el otro platillo, junto a la pesa de un kilo, puso medio ladrillo. La balanza quedó en equilibrio.

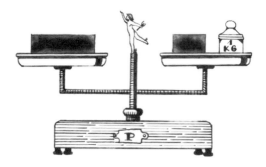

—Ahí lo tienes, delante de tus narices: el ladrillo pesa un kilo más medio ladrillo. ¿Necesitas una calculadora? —ironizó el Gato de Cheshire.

—No me distraigas... Si en lugar de la pesa hubiera otro medio ladrillo, la balanza también estaría en equilibrio, puesto que un ladrillo es igual a dos medios ladrillos; luego medio ladrillo pesa lo mismo que la pesa...

—Valga la redundancia —comentó el Gato.

—Y si medio ladrillo pesa un kilo, el ladrillo pesará dos kilos —concluyó Alicia.

—¡Bravo! —exclamó el Gato de Cheshire, aplaudiendo con las patas delanteras.

—Lástima que no pueda llevarme al colegio una balanza para resolver los problemas —se lamentó la niña.

—Sí que puedes —intervino Charlie.

—Imposible, ya tengo la mochila llena a rebosar.

—No hace falta una balanza de verdad: sirve igual dibujarla, y ni siquiera es necesario que sea un dibujo muy bueno, basta con algo como esto —dijo el escritor, mientras hacía un boceto en su cuaderno.

—¡Qué buena idea! —exclamó Alicia.

—Y todavía se puede simplificar más el dibujo —aseguró Charlie—. Si llamamos × al peso del ladrillo, el de medio ladrillo será × / 2, y podemos poner:

$$x = 1 + x / 2$$

El signo = indica que la balanza está equilibrada, o lo que es lo mismo, que lo que hay en un lado es igual que lo que hay en el otro. Si ahora quitamos medio ladrillo de cada lado, se conservará el equilibrio; en el primer platillo quedará medio ladrillo y en el segundo solo la pesa de un kilo, luego:

$$x / 2 = 1$$

Lo cual significa que medio ladrillo es igual a un kilo; por lo tanto, un ladrillo pesará dos kilos.

—¡Pero eso que has escrito es una ecuación! —dijo la niña con cierto tono de asco, como si hubiera visto una cucaracha.

Y al Gato de Cheshire le hizo tanta gracia que no paró de reír hasta que desapareció por completo.

El cuadrado mágico

Alicia y Charlie continuaron adentrándose en el bosque, siguiendo siempre la diagonal del gran cuadrado de números arborescentes.

Bajo el 651 (de cuyo tronco salían tres ramas, cada una de las cuales se dividía en siete, que a su vez se subdividían en treinta y una), vieron una gran tortuga con un extraño dibujo en el caparazón. Pero al darse cuenta de que alguien se acercaba, el quelonio se escabulló con una rapidez impropia de los de su especie.

—¿Qué era eso? —preguntó Alicia.

—La tortuga divina que el sabio chino Yu vio salir del río Amarillo —contestó Charlie—. Al menos eso es lo que cuenta el *Libro de las permutaciones*, escrito hace más de tres mil años. Los signos de su caparazón representan los números del 1 al 9 mediante puntos blancos y negros, y componen un cuadrado mágico.

—¿Y qué es un cuadrado mágico?

A modo de respuesta, Charlie dibujó en su cuaderno un cuadrado dividido en nueve casillas.

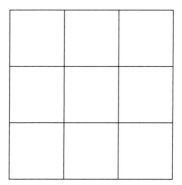

—Si consigues disponer en las casillas los números del 1 al 9 de manera que todas las filas, columnas y diagonales sumen lo mismo, habrás compuesto un cuadrado mágico.

—Me he dado cuenta de que en el centro del caparazón de la tortuga había cinco puntos formando una cruz —comentó Alicia.

—Pues ya tenemos mucho adelantado. Pongamos el 5 en la casilla central.

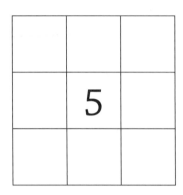

—¿Y ahora?

—Y ahora, pensemos. ¿Cuánto tienen que sumar los números de cada fila, columna y diagonal?

—Lo mismo —contestó la niña.

—Sí, pero *¿cuánto?*

—No sé...

—¿Cuánto suman los números del 1 al 9? —insistió Charlie.

—Voy a calcularlo con el truco del pequeño Gauss: $(9 + 1) \times 9 / 2 = 45$.

—Entonces, ¿cuánto sumarán los números de cada fila?

—¡Ya lo veo! —exclamó Alicia. Si entre las tres filas tienen que sumar 45 y las tres han de sumar lo mismo, cada fila sumará 15. Y lo mismo las columnas y las diagonales.

—Exacto. Y ahora, ¿qué se te ocurre?

—No sé por dónde empezar —reconoció la niña.

—Cuando no sepas por dónde empezar, lo mejor es que empieces por el principio; en este caso, por el 1. ¿Dónde puedes ponerlo?

—Solo hay dos posibilidades: ponerlo en una esquina o en medio de un lado.

—Muy bien: te has dado cuenta de que las cuatro esquinas son equivalentes, y lo mismo los centros de los lados. Veamos qué pasa si lo ponemos en una esquina.

1		
	5	

—No veo que pase nada —dijo Alicia.

—¿Y ahora? —preguntó Charlie, tras añadir un número y cuatro letras al cuadrado.

1	A	B
C	5	
D		9

—El 9 tiene que estar ahí para que los tres números de la diagonal sumen 15, eso lo entiendo; pero esas letras...

—¿Cuánto tienen que sumar A y B?

—Tienen que sumar 14 para dar 15 con el 1.

—¿Y C y D?

—También tienen que sumar 14, por la misma razón.

—¿Y qué dos números del 1 al 9 suman 14?

—El 5 y el 9... y el 8 y el 6 —contestó Alicia, tras una breve pausa y algunas disimuladas cuentas con los dedos.

—Exacto. Pero el 5 y el 9 ya están colocados, por lo que solo nos quedan el 8 y el 6. Por lo tanto, no hay manera de conseguir $A + B = 14$ y $C + D = 14$, puesto que solo disponemos de una pareja de números que sumen eso. ¿Qué conclusión sacas de ello?

—¿Que el 1 no puede estar en una esquina?

—Muy bien —la felicitó Charlie—. Hemos demostrado que el 1 no puede estar colocado en una esquina por el viejo método de reducción al absurdo.

—Me suena, pero no sé exactamente lo que es el método ese.

—Consiste, sencillamente, en demostrar que algo es falso suponiendo que es cierto y viendo que esa suposición conduce a algo absurdo o imposible. En este caso, hemos supuesto que el 1 va en una esquina y hemos visto que esa suposición nos conduce a un callejón sin salida. Por lo tanto...

—El 1 tiene que estar en medio de un lado —concluyó Alicia.

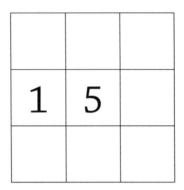

—Exacto. Y ahora es fácil completar el cuadrado. A la derecha del 5 tiene que estar...

—El 9, para que la segunda fila sume 15 —prosiguió la niña—. Y el 1 tiene que estar entre el 8 y el 6, para que la primera columna también sume 15. Y los demás salen solos.

8	3	4
1	5	9
6	7	2

—Ahí tienes tu cuadrado mágico —dijo Charlie con una sonrisa (amplia, por una vez, en lugar de enigmática).

—¡Cómo mola! —exclamó Alicia—. ¿Hay más cuadrados mágicos?

—De orden tres, solo este, básicamente.

—¿Qué es eso del orden tres?

—El orden de un cuadrado mágico es su número de casillas por lado.

—Pero hay más de uno —observó la niña—. Si ponemos la columna de la izquierda a la derecha y la de la derecha a la izquierda, sigue siendo mágico.

4	3	8
9	5	1
2	7	6

—Cierto, pero este cuadrado es como la imagen en el espejo del otro, y lo mismo ocurre con todos los que podemos componer: se pueden obtener a partir de un modelo único mediante giros o reflexiones, o sea que son básicamente iguales.

—¿Y los de orden cuatro?

—Esos son mucho más variados: con los números del 1 al 16 podemos formar 880 cuadrados mágicos de orden cuatro distintos.

—¿Cómo?

—Enseguida lo verás.

Efectivamente, al poco rato, y siempre siguiendo la diagonal del bosque de números, llegaron al 2.451 (de cuyo tronco salían tres ramas, cada una de las cuales se dividía en diecinueve que a su vez se subdividían en cuarenta y tres), y a la sombra de su tupido ramaje vieron, en el suelo, una losa de piedra cuadrada dividida en dieciséis casillas. En las doce casillas del perímetro había sendos números labrados en la piedra, pero las cuatro del centro estaban vacías.

16	3	2	13
5			8
9			12
4	15	14	1

—Ahí tienes un cuadrado mágico de orden cuatro —dijo Charlie—, el mismo que fue inmortalizado por Durero en su famoso grabado *Melancolía*. Por cierto, los dos números centrales de la fila inferior forman el año de realización del grabado: 1514.

—Pero está incompleto —observó Alicia.

—Sí. Tienes que completarlo tú para poder entrar.

—¿Para entrar dónde?

—Lo averiguarás en cuanto entres.

—¿Y cómo voy a grabar los números en esa losa?

—Puedes marcarlos con el dedo, siempre que sean los números correctos: la verdad ablanda hasta la piedra.

—Está bien, está bien, lo intentaré. Déjame tu cuaderno para hacer una prueba... Vamos a ver: faltan los números 6, 7, 10 y 11, y los tengo que poner en las casillas del centro. Los números de la primera columna suman 16 + 5 + 9 + 4 = 34; por lo tanto, todas las columnas, filas y diagonales tienen que sumar eso... En la segunda columna están el 3 y el 15, que suman 18, luego faltan 16 para llegar a 34. Con los cuatro números que quedan, la única forma de sumar 16 es con el 6 y el 10; por lo tanto los tengo que poner en la segunda columna, pero ¿en qué orden? Supongamos, en principio, que los pongo así...

16	3	2	13
5	6		8
9	10		12
4	15	14	1

—¿Lo has conseguido? —preguntó Charlie, mirando el cuaderno por encima del hombro de la niña.

—No, así no puede ser —contestó ella tras unos segundos—, porque los tres números de la segunda fila suman 19 y faltaría el 15 para llegar a 34, pero el 15 ya está colocado. Por lo tanto, tiene que ir el 10 encima y el 6 debajo... Ahora sí, y el 11 y el 7 están chupados...

16	3	2	13
5	10	11	8
9	6	7	12
4	15	14	1

Alicia se arrodilló en el suelo y marcó los cuatro números en las casillas centrales de la losa. La piedra cedió bajo la punta de su dedo como si fuera arcilla blanda, y en cuanto hubo terminado de grabar el último número se deslizó horizontalmente y dejó ver una empinada y oscura escalera que se hundía en las entrañas de la tierra.

—¿Adónde lleva? —preguntó la niña volviéndose hacia Charlie. Pero el escritor había desaparecido.

El matemago

La curiosidad era en Alicia más fuerte que el miedo, como ya se ha dicho, de modo que, sin pensárselo dos veces, comenzó a descender por la oscura escalera, de la que no se veía el fondo.

Llegó por fin a un pasadizo horizontal, igualmente oscuro, al fondo del cual brillaba una tenue luz ambarina. Hacia allí se dirigió (ya no podía retroceder, pues la losa se había vuelto a cerrar sobre su cabeza al poco de iniciar el descenso), y el pasadizo la llevó a una amplia sala iluminada por cinco poliedros blancos que parecían flotar en el aire y emitir luz propia. Se trataba de los cinco sólidos platónicos: un tetraedro regular, un cubo, un octaedro, un dodecaedro y un icosaedro.

Al fondo de la sala, sentado en un gran trono de piedra, había un anciano de larga barba blanca leyendo un libro. Llevaba una túnica negra hasta los pies y un puntiagudo cucurucho en la cabeza, como los magos de los cuentos, solo que con cifras y signos aritméticos en lugar de estrellas.

—Acércate —dijo el extraño personaje, sin levantar la vista del libro.

Cuando Alicia estuvo a su lado, le mostró la página que estaba leyendo, donde había una tabla cuadriculada llena de números.

1	2	4	8
5	10	6	11
11	7	14	10
9	15	12	13
3	6	7	9
7	11	15	12
15	3	13	15
13	14	5	14

—¿Qué es eso? —preguntó la niña.

—Una pequeña tabla adivinatoria.

—¿Eres un mago?

—Un matemago: practico las artes matemágicas. Piensa un número del 1 al 15 y dime en cuáles de estas cuatro columnas está.

—En la primera y en la cuarta —dijo Alicia tras unos segundos.

—Es el número 9 —afirmó inmediatamente el matemago.

—Te sabes la tabla de memoria.

—En matemáticas no hay que utilizar la memoria, sino la inteligencia. En cuanto te explique cómo funciona esta tabla, tú también podrás utilizarla o incluso elaborar tu propia tabla.

—Estupendo, me encantan los trucos.

—Pues este pequeño truco matemágico se basa en una interesante propiedad de la serie de las potencias de 2...

—¿Qué es eso?

—Ya conoces esa serie: es la misma que la de los granos de trigo en el tablero de ajedrez: 1, 2, 4, 8, 16... Ir duplicando el número de granos en cada casilla es como multiplicar por 2 una y otra vez, y así obtenemos la serie de las potencias de 2.

Alicia iba a preguntarle cómo sabía que ella conocía la historia de los granos de trigo y el ajedrez, pero el matemago pasó las páginas del libro y le mostró una columna de igualdades. Aunque, más que una columna, aquello parecía una escalera.

$2^0 = 1$

$2^1 = 2$

$2^2 = 2 \times 2 = 4$

$2^3 = 2 \times 2 \times 2 = 8$

$2^4 = 2 \times 2 \times 2 \times 2 = 16$

$2^5 = 2 \times 2 \times 2 \times 2 \times 2 = 32$

$2^6 = 2 \times 2 \times 2 \times 2 \times 2 \times 2 = 64$

$2^7 = 2 \times 2 \times 2 \times 2 \times 2 \times 2 \times 2 = 128$

$2^8 = 2 \times 2 \times 2 \times 2 \times 2 \times 2 \times 2 \times 2 = 256$

$2^9 = 2 \times 2 \times 2 \times 2 \times 2 \times 2 \times 2 \times 2 \times 2 = 512$

...

—¿Por qué 2^0 es 1? —quiso saber la niña.

—Buena pregunta... ¿Sabrías dividir 2^5 por 2^2? Puedes hacer las operaciones oralmente.

—Sé hacer algunas operaciones mentalmente, pero ¿cómo se hacen oralmente?

—En voz alta.

Alicia pensó que el matemago estaba un poco chiflado. ¿De qué servía hacer las operaciones en voz alta? Si no se anotaban en un papel o una pizarra, no se ganaba nada verbalizándolas. Sin embargo, decidió seguirle la corriente y empezó a decir:

—Como 2^5 es $2 \times 2 \times 2 \times 2 \times 2$...

Pero se quedó muda al ver que, a medida que los nombraba, los números y los signos salían de su boca como nubecillas de humo, y se quedaban flotando en el aire ordenadamente.

$$2^5 = 2 \times 2 \times 2 \times 2 \times 2$$

Eran números grandes y brillantes, que parecían hechos de un humo purpúreo dotado de luz propia.

—Sigue —la animó el matemago.

—Bueno, eso da 32, dividido por 2^2, que es 2×2, o sea, 4, da 8.

Mientras lo decía, fueron saliendo de su boca nuevas cifras y signos, que se añadieron a los anteriores.

$$2^5 = 2 \times 2 \times 2 \times 2 \times 2 = 32$$
$$2^2 = 2 \times 2 = 4$$
$$32 : 4 = 8$$

—Muy bien —dijo el matemago—, pero podemos hacer la división directamente, sin necesidad de multiplicar todos esos doses.

Agitó los números flotantes con las manos, y se reordenaron del siguiente modo:

$$2^5/2^2 = 2 \times 2 \times 2 \times 2 \times 2 / 2 \times 2$$

—¿Y ahora? —preguntó Alicia.

—Ahora podemos simplificar la fracción de la derecha dividiendo dos veces por 2 el numerador y el denominador, o lo que es lo mismo, quitamos dos doses arriba y dos abajo, y nos queda $2 \times 2 \times 2$, o sea, 2^3 —contestó el matemago, y con un rápido gesto redujo la igualdad a:

$$2^5 / 2^2 = 2 \times 2 \times 2 = 2^3$$

—Sí, así es más fácil —admitió Alicia.

—Y ahora fíjate bien: lo que hemos hecho ha sido restar de los cinco doses del numerador los dos del denominador, o sea, hemos restado los exponentes: $5 - 2 = 3$, y ese 3 es el exponente del resultado: 2^3. Si ahora tuviéramos que dividir, por ejemplo, 2^9 por 2^5 ...

—Como $9 - 5 = 4$, el cociente será 2^4, o sea, 16 —concluyó la niña.

—Exacto. Para dividir potencias de un mismo número, simplemente se restan los exponentes. Ahora divide 2^3 por 2^3.

—Eso es una trivialidad. Cualquier número dividido por sí mismo es igual a 1.

—Sí, pero hazlo restando los exponentes, como acabamos de ver.

—Los dos exponentes son 3, o sea, $3 - 3 = 0$... ¡Cero!

—Así es: $2^3 : 2^3 = 2^0$. Pero como tú muy bien has señalado, un número partido por sí mismo es 1, luego $2^0 = 1$. Y lo que hemos hecho con el 2 podríamos haberlo hecho con cualquier otro número, evidentemente. Así que todo número elevado a la potencia 0 es igual a 1.

—Qué curioso —comentó Alicia.

—Pues más curiosa aún es la serie de las poten-cias de 2. Todos los números naturales son, o bien potencias de 2, o bien la suma de varias potencias de 2 distintas; y lo que es más importante: cada número solo puede expresarse de una única mane-ra en función de las potencias de 2.

Mientras decía esto, el matemago pasó las pá-ginas del libro y le mostró a Alicia una lista.

$$1 = 2^0$$
$$2 = 2^1$$
$$3 = 2^0 + 2^1$$
$$4 = 2^2$$
$$5 = 2^0 + 2^2$$
$$6 = 2^1 + 2^2$$
$$7 = 2^0 + 2^1 + 2^2$$
$$8 = 2^3$$
$$9 = 2^0 + 2^3$$
$$10 = 2^1 + 2^3$$

...

—¿Y eso es tan especial? —preguntó la niña al verla.

—Mucho. También podemos, por ejemplo, expresar cualquier número como suma de impares distintos, pero no de una forma única. Así, 16 es 9 + 7, pero también es 1 + 3 + 5 + 7: hemos expresado un mismo número de dos formas distintas como suma de impares. Sin embargo, en la serie 1, 2, 4, 8, 16..., cualquier agrupación de sus términos da una suma distinta.

—¿Y eso para qué sirve?

—Podríamos hablar mucho de las propiedades de esta interesantísima serie...

—No, mucho no, por favor —rogó Alicia—, que entonces sería como una clase de mates.

—De acuerdo, entonces solo te diré que sirve para componer una tabla como la que antes te he mostrado. Ahora te explicaré cómo se elabora y así podrás montar tu propio espectáculo de matemagia. Para empezar, tomamos los cuatro primeros términos de la serie: 1, 2, 4 y 8. Podríamos tomar más, pero entonces la tabla sería muy grande. Con estos cuatro términos, podemos expresar, en forma de sumas, los números del 1 al 15, que dispondremos de la siguiente forma...

El matemago fue nombrando números, que salieron de su boca como nubecillas de humo purpúreo y se ordenaron en columnas.

1	2	4	8
3	3		
5		5	
	6	6	
7	7	7	
9			9
	10		10
11	11		11
		12	12
13		13	13
	14	14	14
15	15	15	15

—¿Por qué están en ese orden?

—Es muy sencillo: 3 es 1 + 2, luego lo ponemos en la columna del 1 y en la del 2; 5 es 1 + 4, luego lo ponemos en la columna del 1 y en la del 4; 6 es 2 + 4, luego lo ponemos en la columna del 2 y en la del 4; 7 es 1 + 2 + 4...

—Luego lo ponemos en la columna del 1, en la del 2 y en la del 4; ya lo entiendo, pero ¿para qué sirve? —preguntó Alicia.

—Si ahora tú me dices, por ejemplo, que un número está en la primera columna y en la cuarta, no tengo más que sumar 1 + 8 para saber que es el 9; si está solo en la tercera columna, es el 4; si está en la primera, la segunda y la cuarta, es 1 + 2 + 8 = 11; si está en todas, es 1 + 2 + 4 + 8 = 15.

—Ya veo. La tabla que me has enseñado antes es la misma que esta, solo que con los números de cada columna cambiados de orden.

—Claro; una vez hecha la tabla, puedes poner los números de cada columna en el orden que quieras, para que no se note el truco.

—Muy astuto —reconoció Alicia—. Yo sé un truco para sumar deprisa; puedo sumar los números del 1 al 100 en un santiamén.

—Y también sabes sumar los términos de la serie 1, 2, 4, 8, 16...

—Sí, lo he aprendido al ver lo de los granos de trigo y el tablero de ajedrez. Es muy fácil: la suma es el doble del último menos 1; por ejemplo, 1 + 2 + 4 + 8 + 16 + 32 + 64 = 2 × 64 − 1 = 127.

—Muy bien —la felicitó el matemago, con una sonrisa de satisfacción.

—¿Sabes algún otro truco para sumar deprisa? —preguntó la niña.

—Sí, claro —contestó el anciano. Se quitó el puntiagudo gorro constelado de cifras y de su interior sacó...

Los conejos de Fibonacci

—¡Un conejito! —exclamó Alicia.

—Una conejita —precisó el matemago, mientras depositaba suavemente en el suelo al pequeño roedor blanco—. Dentro de un mes será adulta.

Dicho esto, el anciano dio una palmada y la conejita aumentó varias veces de tamaño.

—¿Ha pasado un mes por arte de magia? —preguntó la niña, atónita.

—Para nosotros no. He acelerado el tiempo vital de la coneja para no tener que esperar tanto. Para ella sí que ha pasado un mes: ahora es adulta y está preñada, y dentro de otro mes tendrá una cría.

—¡Quiero verla! —pidió Alicia.

—De acuerdo.

El matemago dio otra palmada, y junto a la coneja apareció otra tan pequeña como la primera al salir del gorro.

—¿Dentro de otro mes también será adulta y estará preñada?

—Sí, y además su madre tendrá otra cría, pues desde que se hacen adultas todas las conejas tienen una cría cada mes.

El matemago dio otra palmada. La cría creció y junto a su madre apareció otra conejita.

—No me lo digas: dentro de un mes la nueva conejita crecerá y las otras dos conejas tendrán una cría cada una —dijo Alicia.

—Exacto —confirmó el anciano. Dio otra palmada y sucedió lo que la niña había previsto: por el suelo correteaban tres conejas adultas y dos crías. Otra palmada más: cinco adultas y tres crías. Y otra: ocho adultas y cinco crías...

c
C
Cc
CCc
CCCcc
CCCCCccc
CCCCCCCCccccc

—¡Bravo! —aplaudió la niña, pero se contuvo de pronto—. Menos mal que mis palmadas no hacen crecer y multiplicarse a las conejitas, porque si no, se habría llenado la habitación.

—Pues sí, la serie crece bastante deprisa. Vamos a verla: al principio había un solo ejemplar; al cabo de un mes, seguía habiendo uno; al cabo de dos meses, ya eran dos; al cabo de tres meses, tres...

—Luego cinco —prosiguió Alicia—, luego ocho, y ahora ya son trece.

A medida que el matemago y la niña nombraban los números, emitían bocanadas de humo purpúreo que se convertían en cifras y se quedaban flotando en el aire ordenadamente.

$$1 \quad 1 \quad 2 \quad 3 \quad 5 \quad 8 \quad 13$$

—Como ves —señaló el matemago—, cada número es la suma de los dos anteriores: $2 = 1 + 1$, $3 = 1 + 2$, $5 = 2 + 3$, $8 = 3 + 5$, $13 = 5 + 8$...

—Si das otra palmada, habrá 21 conejitas, y luego 34, y luego 55, 89...

—Exacto. Esta serie la descubrió Leonardo de Pisa, un gran matemático italiano del siglo XII, más conocido como Fibonacci. Entre otras cosas, fue él quien impuso en Europa el sistema de numeración árabe, que ya se conocía en España, y esta interesantísima serie se le ocurrió precisamente mientras pensaba en la reproducción de los conejos.

—¿Y para qué sirve?

—Tiene importantes aplicaciones, y aparece a menudo en la naturaleza. Por ejemplo, el crecimiento y la ramificación de muchas plantas se produce de acuerdo con esta serie u otras similares, pues en realidad hay infinitas series de Fibonacci.

—¿Cómo son las otras?

—Si te fijas bien, la serie viene determinada por los dos primeros números, puesto que el tercero es la suma de ellos dos, el cuarto es el tercero más el segundo, y así sucesivamente. Si en vez de empezar con dos unos, partimos de otra pareja de números, obtenemos una serie distinta. Por ejemplo:

2, 2, 4, 6, 10, 16, 26, 42, 68, 110...
2, 1, 3, 4, 7, 11, 18, 29, 47, 76...
3, 2, 5, 7, 12, 19, 31, 50, 81, 131...

—¿Y el truco para sumar deprisa que me ibas a enseñar?

—Ahora mismo. Elige dos números de una cifra y escríbelos uno encima de otro.

—El 4 y el 2 —dijo Alicia, y las dos cifras quedaron flotando en el aire.

$$4$$
$$2$$

—Ahora escribe debajo la suma de ambos.

—El 6 —dijo la niña, y la cifra de humo ocupó dócilmente su lugar en la columna.

$$4$$
$$2$$
$$6$$

—Ahora, debajo, la suma de 2 y 6.

—Es una serie de Fibonacci —dijo Alicia.

—Efectivamente. Te estoy haciendo el truco como si no conocieras esas series, pero puesto que ya las dominas, te diré simplemente que escribas, en columna, los diez primeros términos de la serie de Fibonacci que empieza con los números 4 y 2.

—De acuerdo...

4

2

6

8

14

22

36

58

94

152

—Bien, pues la suma de esos diez números es 396 —dijo el matemago en cuanto Alicia hubo terminado la lista.

—Has tenido tiempo de ir sumándolos mientras yo los escribía en el aire.

—Es cierto, pero no lo he hecho. He hallado el resultado de forma instantánea, y tú también podrás hacerlo en cuanto te explique el truco.

—¿Cuál es?

—Es muy sencillo: si llamamos a y b a los dos primeros números, la serie será esta —dijo el matemago, pasando las páginas de su libro y mostrándole una columna de expresiones algebraicas.

$$a$$
$$b$$
$$a + b$$
$$a + 2b$$
$$2a + 3b$$
$$3a + 5b$$
$$5a + 8b$$
$$8a + 13b$$
$$13a + 21b$$
$$21a + 34b$$

—No me gusta nada eso de mezclar letras y números —comentó Alicia—, pero esa lista está bastante clara —admitió.

—Sumando todas las *aes* y las *bes*, verás que la suma de los diez términos es $55a + 88b$. Pero fíjate en el séptimo termino de la serie: es $5a + 8b$, luego la suma total es igual al séptimo término multiplicado por 11, puesto que $11(5a + 8b) = 55a + 88b$. Y multiplicar un número de dos cifras por 11 es muy fácil: sumas esas dos cifras y el resultado lo pones en medio; en este caso, $36 \times 11 = 396$, ya que $3 + 6 = 9$.

—Ya lo veo —dijo Alicia—. Para hallar la suma de cualquier lista de este tipo, no tengo más que fijarme en el séptimo número, que es el cuarto empezando por abajo, y lo multiplico por 11.

—Muy bien. Y ahora, un espectacular truco de adivinación matemágica. Piensa un número de tres cifras —dijo el anciano dándole la espalda.

—Ya está.

—Dilo en voz muy baja para que yo no pueda oírlo.

La niña susurró «236»; un hilillo de humo rojo salió de su boca y formó en el aire el número con un trazo muy fino.

—¿Y ahora?

—Repite el mismo número.

Alicia volvió a susurrar «236», y las tres cifras se juntaron a las anteriores para formar el número 236.236.

—Ya está.

—Ahora divide por 7 ese número de seis cifras. Hazlo en voz muy baja, para que yo no te oiga.

La niña musitó para sí la división, que fue realizándose en el aire a medida que iba nombrando los números y las operaciones. Al final obtuvo 33.748 como cociente exacto.

—Ya he terminado. Menos mal que acabo de aprenderme la tabla del 7...

—Ahora divide el resultado por 11.

Alicia dividió 33.748 por 11 y obtuvo 3.068.

—¡Vuelve a dar exacto! —exclamó sorprendida.

—Y ahora divide el resultado por 13.

—Es asombroso —dijo la niña al terminar la división—, da...

—El número que habías pensado —concluyó el matemago volviéndose. Y, efectivamente, en el aire flotaba un fino y luminoso 236.

—¿Cómo podías saberlo de antemano?

—Muy sencillo: escribir dos veces seguidas un número de tres cifras equivale a multiplicarlo por

1.001. Y $7 \times 11 \times 13 = 1.001$. Si primero multiplicas un número por 1.001 y luego lo divides por 1.001...

—Se queda igual —concluyó Alicia.

—Exacto. Un truco muy sencillo, pero de gran efecto. Te divertirás haciéndoselo a tus amigos.

—Ya lo creo. Y los otros también molan. Seguro que mi profe de mates no los conoce. Me vengaré de él haciéndoselos en clase.

—Ahora ya eres una pequeña matemaga —dijo el anciano, poniéndole su cucurucho en la cabeza—. Siéntate en el trono.

Alicia se sentó, y cuando el matemago le depositó el libro en el regazo reconoció su enigmática sonrisa.

—¡Eres Charlie! —exclamó.

La túnica y la barba blanca se disolvieron en el aire y ante ella apareció Lewis Carroll con su melancólico y anticuado aspecto anterior.

—Sí. La matemagia es una de mis mayores aficiones, y a veces me disfrazo para crear un poco de ambiente. Pero eres muy observadora y me has descubierto. Ya puedes despertar.

—¿Despertar?

—Sí —dijo Charlie, mirándola con ternura y apoyándole una mano en el hombro—. Despierta.

Epílogo

—¡Despierta!

Alicia abrió los ojos sobresaltada y vio a un guarda que la miraba sonriendo mientras la sacudía suavemente por el hombro.

—Despierta, pequeña, vas a pillar una insolación.

Estaba sentada en un banco de piedra del parque, con el libro de matemáticas abierto en el regazo.

—Vaya, creo que me he quedado traspuesta mientras estudiaba —dijo la niña.

El guarda echó una ojeada al libro y comentó:

—No me extraña, si estabas estudiando matemáticas, con lo aburridas que son.

—¿Aburridas? ¡Nada de eso, son muy divertidas! —exclamó Alicia—. A ver, piensa un número de tres cifras...

Aquí acaba este libro
escrito, ilustrado, diseñado, editado, impreso
por personas que aman los libros.
Aquí acaba este libro que tú has leído,
el libro que ya eres.